예수가 상상한 그리스도

차례
Contents

너는 나를 누구라 하느냐?

예수 그리스도에 대한 이야기를 어디서부터 시작하는 것이 좋을까? 예수가 히브리인/유대인이라는 것? 예수가 남자라는 것? 예수는 그리스도로 불리는 자라는 것? 예수는 기원전과 기원후를 가르는 기준이라는 것? 예수가 12월 25일 태어났다는 것? 예수는 십자가에서 죽었다 부활한 자라는 것? 예수가 많은 기적을 행했다는 것? 예수가 제자들을 부르고 그들을 가르쳤다는 것? 예수는 사랑을 강조했을 뿐인데, 이상하게도 많은 적대자들에게 시달려야 했다는 것? 사실, 예수는 사람이 아니라는 것?

어디서부터 시작할 것인가는 예수 그리스도에 대한 빛깔을 확실히 달리하게 만든다. 어디에서 시작해도 예수에 대한 전체적인 이야기를 아우를 수 있지만, 시작은 무엇에 집중해서 다가설지를 정하는 이정표이기 때문이다. 이렇듯 다양한 시작의 가능성은 예수를 소개할 수 있는 다양한 가능성을 그대로 노출하는 것이다. 그러나 일반적으로 소개되는 예수는 매우 객관적이고 무미건조하며, 일반적으로 고백되는 예수는 매우 주관적이며 감성적이다.

유명 포털 사이트에서 '예수'를 검색하면, 예수 그리스도, 예수 그리스도의 생애, 예수 그리스도의 죽음과 부활이라는 순서로 그를 소개한다. 그 내용을 보고나면 예수가 어떻게 태어나서 어떤 일을 하다가 어떻게 죽었는지 대강 알 수 있다. 이처럼 예수를 손쉽게 알 수 있는 정보들은 넘쳐난다.

손쉽게 예수를 알 수 있는 이러한 백과사전 류의 정보와 많은 책들이 있는데도, 왜 이 책이 또 필요할까? 그러한 소개들이 객관적이며 무미건조해 예수를 이해시키기에 부족하다고 생각하기 때문이다. 더불어, 일반적으로 교회에서 난무하는 예수에 대한 신앙고백은 주관적이고 감성적이어서 실상 그 속을 들여다보면, 그것이 무슨 의미인지 모호하기 그지없다는 것도 이 책의 필요성에 한 몫 한다.

포털 사이트의 검색은, 예수의 활동 분야가 종교라는 것과 예수가 그리스도교의 개조開祖로서 하나님 혹은 야훼라는 별칭을 지녔다는 것을 알려준다. 예수가 기원전과 기원후를 가르는 세계사의 기준이 된 것이 그리스도교를 중심으로 한 서양 역사를 반영하는 것일지 모르지만, 실제 예수의 탄생은 기원전 4년쯤으로 추정한다. 그리고 유대교의 관습에 따라 그는 30세쯤에 하나님의 말씀을 전했으며, 신약성경을 중심으로 재구성하면 약 3년 동안 활동을 했으므로, 그가 죽은 때를 약 30년경으로 추정한다.

가톨릭에서 예수의 어머니인 마리아를 중요하게 여기지만, 아버지가 요셉이고 어머니가 마리아라는 사실은 그리 중요하지는 않다. 그의 별칭에서 드러나는 것처럼 그에게 중요한 것은 하나님의 아들이라는 것이다. 이러한 신분 때문에 관심은 30년에 걸친 그의 사적인 생활이 아니라, 하나님의 아들이라는 것을 드러낸 3년 동안의 공적인 생애에 모아진다. 이 짧은 기간에 그는 기쁜 소식이라 부르는 복음福音을 전하며 제자들을 부르고 많은 기적을 행한다.

그가 전한 복음은, 이스라엘인들이 기다린 하나님 나라에 대한 것이다. 그러나 하나님 나라를 선포한 예수를 유대인들은 환영하지 않았다. 예수가 전한 하나님 나라는 아마도 그들이 기다리던 것과 다른 방식이었기 때문이다. 유대인들은 자신들만 구원받기 바랐지만, 예수가 선포한 하나님 나라는 유대인과 이방인이 함께 하는 나라였다.

이러한 선포는 유대인과 예수 사이에 심각한 갈등을 일으켰고 예수는 유대인들과 이스라엘을 지배하던 로마인들에게 죽임을 당한다. 모든 이들의 이야기는 죽음으로 끝나지만 예수는 그렇지 않다. 죽은 지 3일만에 부활하기 때문이다. 부활한 예수는 3년 동안 그와 함께 했던 제자들에게 나타나 자신의 일을 부탁한 뒤 40일 만에 다시 하늘로 올라간다.

예수에 대한 이야기는 이른바 부활과 승천으로 끝을 맺는다. 어쩌면 끝을 맺는다는 표현은 적절하지 않을지도 모른다. 예수의 활동은 그의 제자들을 통해 오늘날까지 이어지고 있기 때문이다. 하지만 이러한 대강의 이해로 예수를 얼마나 알 수 있을까? 혹, 예수에 대한 다른 질문이 필요하지 않을까?

박찬욱 감독의 영화 「올드 보이」의 첫 장면은 매우 인상 깊다. 아파트 옥상에서 한 남자가 다른 사내를 난간에 밀어붙인 채, 그의 넥타이를 잡고 있다. 난간에 밀어붙여진 사내의 생명은 이쪽 남자의 손에 붙들린 넥타이 끝에 달려있다. 자신의 생명줄을 잡고 있는 남자에게 "너는 도대체 누구냐?"라고 묻는다.

영화가 진행되면서, 처음의 그 장면이 다시 구체적으로 설명된다. 자살을 결심한 한 사내가 아파트 옥상의 난간에 걸터앉아있고, 15년간의 감금에서 풀려난 오대수가 그곳에 던져진다. "아무리 짐승보다 못한 인간이라도 살 권리는 있는 것 아닌가요?"라고 한탄하며 난간에서 뛰어내리는 사내의 넥타이를 오대수가 붙잡는 것이다.

오대수와 사내가 만들어낸 아찔한 장면과 그들이 건네는 말들은 여기저기 영화 속을 떠다니며 의미를 묻는다. 도대체 누구인가? 누가 내 목숨을 가지고 노는가? 누가 나의 살 권리를 침해하는가? 누가 내 멱살을 잡고 생명줄과 같은 넥타이 끝에 서 있는가?

‘너’를 묻는 이 질문은 결국 ‘나는 누구인가?’라는 질문과 맞닿아 있다. ‘나’를 담보로 하고 있는 ‘너’를 찾아 나선 길에서 먼저 만나는 것은 언제나 나이기 때문이다. 그러므로 ‘너는 누구냐?’라는 질문은 어느새 ‘나는 누구인가?’로 바뀐다. 너와 내가 하나가 된 이 질문은 사내의 넥타이를 잡고 있는 오대수의 모습으로 나타나 유령처럼 영화를 헤집고 다닌다.

예수는 나눌 수 없는 두 질문, ‘너는 누구냐?’와 ‘나는 누구인가?’를 교묘히 연결해 제자들에게 묻는다. “너는 나를 누구라 생각하느냐?” 나와 너를 동시에 엮어낸 이 질문에서 나와 너는 하나다. ‘나를 어떻게 생각하고 있느냐’에 따라 ‘네가 누구인지’ 알 수 있기 때문이다.

이 하나됨이 예수의 질문과 함께 영화 속 그 아찔한 장면을 떠올리게 한다. 오대수가 넥타이를 놓으면 사내는 난간 아래로 떨어질 수밖에 없는 것처럼 ‘너는 나를 누구라 생각하느냐?’에 답하지 못하면 너 없는 나 역시 사라질 것 같은 절박함이 인다.

예수가 누구인지 묻는 이 질문의 핵심에는 ‘도대체 왜 예수인가?’라는 또 다른 질문이 들어있다. 왜 사람들은 그를 구세주라고 할까? 예수를 그리스도로 믿는 자들이나 믿지 않는 자들 모두 그를 특별한 사람으로 인정하는 이유는 무엇인가? 그러므로 이제, ‘예수는 누구인가?’와 ‘나는 누구인가?’라는 질문을 합친 ‘너는 나(예수)를 누구라 하느냐?’라는 질문에 대한 답을 찾아 나서려 한다.

예수와 <small>예수 그리스도</small>

    '나는 사과 한 알로 파리를 정복할 것이다'라고 호언한 후 기인상파의 대표 거장인 세잔Paul Cezanne은 사과가 썩을 때까지 관찰하며 결국 사과로 파리를 정복했다. 그의 사과 그림은 많은 사람들을 감동시켰고 미술사에 그의 이름을 올려놓는데 큰 공을 세웠다. 그가 보고 그린 사과는 평범한 사과지만 세잔은 사과를 이리저리 돌려가며 다양한 각도로 화폭에 옮겨 놓음으로써 자신의 사과를 만들었다. 그리고 사람들은 그 그림에 열광했다.

    사람들이 감동한 것은 세잔의 모델이 된 사과가 아니다. 감동은 세잔이 묘사한 사과에서 나온다. 이 때 사과와 세잔의 사과 그림이 다르다는 것은 분명하다. 세잔이 본 사과는 분명한 현실이지만 세잔이 그린 사과는 실재 사과와 그의 상상이 함께 어우러져 만든 것이기 때문이다. 세잔의 사과 속에서 현실의 대상과 상상의 대상은 하나가 되고

세잔의 「사과와 오렌지」.

우리는 사과에 대한 세잔의 숨결을 느낄 수 있다.

신약성경 속에 나타난 예수에 대한 이야기도 세잔의 사과와 비슷하다. 우리는 신약성서를 통해서, 예수에 대한 저자들의 소개를 만나고 있기 때문이다. 실제로 예수가 직접 쓴 글이나 다른 자료는 없으며, 신약성경 속에 있는 27개나 되는 낱권들 가운데 어느 것도 예수가 쓴 것은 없다. 그것들은 모두 다른 이들이 쓴 예수에 대한 이야기일 뿐이다. 이러한 글에는 예수에 대한 저자들의 주관적 이해가 필연적으로 반영되어 있다.

그러므로 실제 역사 속에 살다 간 예수와 저자들이 이해한 예수의 모습을 드러내고 있는 신약성경 속의 예수 그리스도와의 관계는 실재 사과와 세잔의 사과 그림과 같다. 이러한 관계의 유사성 때문에, 실제의 사과와 세잔의 사과가 다른 것처럼, 역사 속 예수와 신약성경 속 예수 그리스도는 차이가 날 수밖에 없다.

이 때문에, '예수는 누구인가?'라는 질문과 '예수 그리스도는 누구인가?'라는 질문은 확실히 다르다고 할 수 있다. '예수

는 누구인가?'는 역사 속의 예수, 그리스도라는 아우라를 갖지 않은 2,000년 전 팔레스타인의 한 남자 예수를 주제로 한다. 그것은 역사 속에 살다간 한 남자에 대한 것으로 마치 세잔이 소재로 삼은 사과와 같다.

반면 '예수 그리스도는 누구인가?'는 예수라는 역사 속 인물과 그에게 부여한 그리스도라는 칭호를 묶어 그리스도인 예수의 정체성을 묻는 것이다. 우리가 이 책에서 관심을 갖는 것은, 바로 이 예수 그리스도이다. 성경에서 우리가 일차로 만나는 것은 예수가 아니라 예수 그리스도, 즉 성경의 저자들에 의해서 그리스도로 이해된 예수이기 때문이다. 성경은 우리에게 예수 그리스도를 소개하며 그리스도와 분리되지 않은 예수를 우리에게 보여주는 것이다. 그러므로 성경 속에 드러난 예수는 마치 세잔의 사과와 같다고 말할 수 있다.

그리스도는 메시아라는 히브리어의 그리스어 번역이다. 메시아는 기름 부음을 받은 자라는 뜻으로 하나님의 선택을 받은 자를 말한다. 그러므로 예수 그리스도는 예수라는 인물을 하나님의 사람으로 부르는 것이며 예수 그리스도를 통해서 우리는 하나님의 사람이라는 새로운 존재 속으로 들어간다. 그 존재의 새로움은 예수 그리스도 속에서 예수라는 역사의 질서와 그리스도라는 신의 질서를 하나로 묶는다.

물론 역사 속에 수많은 그리스도가 등장한다. 그러나 사람들은 자신의 이름과 그리스도라는 직책을 영원히 연결하지 못하고 사이비라는 꼬리표와 함께 사라졌다. 그들은 왜 역사 속으로 사라졌는가? 그들은 왜 그리스도가 되지 못했는가? 이 질문에 대한 답은 의외로 간단할 수 있다. 그들은 하나님의 아들이 아니기 때문이라는 것이다. 예수와 비교하자면, 그들은 모두 단순히 사람이었지만 예수는 신이었다는 주장이다.

이러한 주장은 신앙고백적이기는 하다. 그러나 그것은 자신을 신의 아들, 혹은 보내심을 받은 자로 여긴 많은 사람들과 그들에게 열광한 사람들의 역사가 지속되지 못한 이유를 설득력 있게 제시하지 못한다. 다른 근거도 없이 '예수는 하나님이다'라는 것으로는 설득하기 힘든 것이다.

질문에 대한 답을 위해서, 우선 예수에 대한 다양한 자료들의 존재를 이해하는 것은 도움이 될 듯하다. 우리가 예수를 이해하는 출발점은 신약성경이지만, 신약성경이 예수를 그리스도로 드러내는 유일한 자료는 아니다. 신약성경에 들지 못했지만 외경이나 위경이라 부르는 자료들도 있다.

외경이란 정경(신약성경 27권) 안에는 들지 못했지만 신앙에 유익을 줄 수 있는 글들이다. 제2차 바티칸 공의회(1962) 이후, 가톨릭에서는 이에 속하는 열두 개의 글들을 제2의 성경으로 인정해 신약성경 27권과 함께 성경으로 소개하고, 개신교에서도 열다섯 개의 글들을 외경으로 분류한다.

위경은 유대교의 위경과 기독교의 위경으로 나뉘는데 전자는 대부분 기독교의 태동 이전에 쓰였지만 유대교와 기독교의 관계를 고려한다면 기독교를 이해하는 배경이 될 수 있다. 후자는 예수에 대한 이야기를 하고 있으나 대부분 1, 2세기의 사상적 특징이 과도하게 드러나 있는 반면 기독교의 특성은 약화되어 있다.

이렇듯, 예수에 대한 자료의 다양성은 예수와 그리스도를 연결시킨 여러 가지 시선들과 방법들을 보여준다. 그것은 예수에 대한 풍성한 이해들을 제공하기도 하지만, 한편으로 그만큼 하나로 정의될 수 없는 예수에 대한 개연성을 암시하기도 한다. 그러므로 이러한 자료들은 예수를 이해하며 그에게 다가가려는 우리들의 노력이 그리 새삼스럽지 않다는 것도 알려준다. 서로 다른 자료들은 예수에 대한 서로 다른 고민들을 보여주기 때문이다.

다양한 자료들은 보이는 예수와 보이지 않는 그리스도를 접목시키는 다양한 과정들을 보여준다. 그러므로 이러한 글들은 비록 그것이 정경의 범위에 속하지 못한다 할지라도 예수를 그리스도로 받아들인 다양한 상황과 사상과 배경들에 관심을 둘 필요가 있음을 암시한다.

그러나 이러한 다양성은 정경과 정경이 아닌 것 사이에만 존재하지 않는다. 신약 정경 27권 안의 이야기들도 서로 다른 모습들을 보여주고 있으며, 더욱이 예수의 삶과 말씀을 다루고 있는 복음서는 네 개씩이나 된다. 같은 예수의 이야기가 같은 형식으로 네 개나 있다는 것은 한편으로 놀라운 일이다.

네 복음서는 성경을 쓴 저자들이 서로 다른 입장에서 서로 다른 목적으로 예수를 소개하고 있다는 것을 보여준다. 그러므로 예수를 이해하는 과정이 예수를 소개하고 있는 저자들의 이해로부터 자유롭지 못하다는 것은 매우 분명하다. 그런데 이러한 다양성에 복음서가 전해진 경위의 복잡함이 더해짐으로써, 예수에게 가는 길은 험난하기 그지없다.

현재 우리가 읽는 성경은 원래의 성경이 아니다. 현재 읽는 것들은 수많은 사본을 바탕으로 재구성한 것이다. 물론 이런 재구성은 몇몇 학자들이 마음대로 한 것은 아니다. 오랜 시간을 거쳐 많은 사본을 바탕으로 일정한 방법과 기준을 동원해 원본을 찾으려는 노력들로 만들어낸 산물이다.

많은 사본들 틈에서 원래의 복음서를 찾아 나선 학자들의 머릿속에는 무슨 그림이 그려져 있었을까? 다양한 복음서의 이야기들 속에서 예수의 어떤 모습들이 동기를 부여한 것일까? 이 모든 질문들은, 보이는 자료들을 통해서 보이지 않는 예수에게로 가는 길목에서 마주치는 것들이다. 그들은 어떻게 예수에게 갔을까? 이러한 질문이 중요한 것은, 방법을 알아야 목적에 이를 수 있기 때문이다.

사르트르Jean Paul Sartre에 따르면 보이지 않는 것을 발견하기 위해서는 상상의식이 필요하다고 한다. 상상의식은 현실의 태도를 벗어나 그 대상이 추구하는 상상의 세계 속으로 들어가는 것이다. 상상은 보이는 것과 보이지 않는 것을 이어주며 우리에게 새로운 세계를 열어준다. 그러나 상상을 통해서 현실의 태도를 벗어난다는 것은 현실을 부정하는 것이 아니다. 상상은 늘 현실에 기반을 두기 때문이다.

예수에 대한 많은 자료들은 다양한 현실을 바탕으로 한 예수에 대한 다양한 상상의식을 반영함으로써, 상상이 현실을 초월하는 것이 아니라는 것을 드러낸다. 모든 사람이 같은 상상을 할 수 없는 것은 그들이 각기 다른 환경에 있기 때문이다. 그러므로 예수에 대한 다양한 소개는 예수를 소개하고 이해한 자들의 서로 다른 역사적 처지를 강조하는 것이다.

여러 사람들이 다양한 상황에서 다양한 상상의 세계를 펼치다 보니 많은 자료가 쌓였다. 우리에게 전해진 예수의 이야기는 그것을 전한 사람들의 다양한 형편과 다양한 상상의 세계를 펼쳐 놓는다. 역사적 배경과 상상의 다양한 어우러짐 속에서 신약성경은 일종의 테두리 역할을 한다. 그것은 예수의 역사와 예수를 전해준 사람들의 역사적 현실을 떠나지 않은 채, 그들이 들어간 상상의 세계를 우리에게 보여주기 때문이다.

내면의 상상이 어우러진 세잔의 사과처럼, 성경에 나타난 예수 그리스도는 예수에 대해 글을 쓴 저자들의 상상을 우리에게 소개한다. 이 상상은 물론 역사 속의 예수와 분리되지 않은 채, 성경에 소개된 예수 그리스도의 이야기 속에 반영되어 있다. 그러므로 우리는 이 성경을 바탕으로 예수를 소개하는 저자들의 현실과 상상을 살펴보고자 한다. 예수를 그리스도로 불러들이는 상상력은 독자적으로 이루어지지 않기 때문이다. 그것은 성경 속 저자들의 상상에 의지해서, 그들의 상상을 추적함으로서 재발견될 수 있다고 생각하기 때문이다.

성경을 읽는다는 것은 성경을 쓴 저자들의 상상에 초대되는 일이며, 성경을 이해한다는 것은 성경을 쓴 저자들의 상상에 대해 공감한다는 것을 의미한다. 상상은 현실을 부정하지 않으면서 현실을 넘어섬으로써 예수라는 땅과 그리스도라는 하늘이 어떻게 만날 수 있는지 보여준다. 상상을 통해서 우리는 예수 그리스도를 바라볼 수 있는 가능성을 열 수 있다. '너는 나를 누구라 하느냐?'라는 질문에 답하기 위해서 상상력이 필요하다면 이를 신학적 상상력이라 부르고자 한다.

신학적 상상력은 우리 눈앞에 제시된 예수에 대한 자료들의 행간을 읽어가며 성경을 쓴 사람들의 상상력에 동참하는 일이다. 신학적 상상력은 자료를 비껴가는 상상력이 아닌 자료를 재구성해 예수의 의미를 찾는 것이다. 그것은 자료와 자료 사이에 있는 이야기를 끄집어내어 과거의 예수와 현재의 독자를 만나게 하는 일이다. 그러므로 예수 그리스도에 대한 신학적 상상은 예수라는 현실과 하나님의 아들이라는 비현실이 어떻게 하나로 만날 수 있는지를 알려주는 열쇠 역할을 할 수 있을 것이다.

이러한 상황에서 '너는 나를 누구라 하느냐'는 질문은 한편으로 예수의 타당성을 상상하는 일이기도 하다. 그것은 '왜 유독 예수인가?'라는 질문과 일맥상통하기 때문이다. 그러므로 '너는 나를 누구라 하느냐?'는 질문은 우리를 예수에 대한 상상력 속으로 밀어 넣음과 동시에 우리를 예수가 활동한 시대의 역사 속으로 밀어 넣는다. 그리고 그 역사 속에서 예수 그리스도를 대면하게 한다.

사물과 도구

하이데거Matin Heidegger와 사르트르는 사물과 도구의 차이를 통해서 대면의 문제를 풀어낸다. 사르트르에 따르면 모든 사물은 도구의 특성과 사물의 특성을 지닌다. 도구의 특성은 투명성이다. 투명성은, 어떤 물건이 늘 그 자리에서 자신의 역할을 해내기 때문에 거기에 있는 것을 인식하지 못하는 상태를 말한다. 투명성은 사물의 정상 가동상태를 뜻하는 것이다.

어떤 물건이 정상으로 작동되지 않아 곤란을 겪을 때, 우리는 그 사물을 인식하기 시작한다. 사물에 대한 이러한 인식을 불투명성이라고 한다. 불투명성은 자신의 역할을 다하지 못하고 버티고 있는 사물에 대한 황당하고 불편한 경험으로부터 시작된다. 그것은 더 이상 투명하게 우리의 의식을 통과하는 것이 아니라 언제나 눈에 거슬리며 어디서나 눈앞에 아른거린다. 어디서나 자신의 존재를 시위하며 관심을 재촉하는 것이 바로 이 불투명성이다.

도구성을 실현해내지 못하는 물체는 도구성의 실패로 비로소 사물화되고, 자신의 존재를 타인에게 각인시킨다. 이 불투명성이야말로 살아있다는 증거이며 사물의 새로운 의미로 접근하는 첫 관문이다. 예를 들면, 청소기의 도구성에 만족한 사람에게 '청소기는 무엇인가?'라고 물으면 '청소기는 청소하는 물건이다'라고 대답한다.

그러나 이것이 청소기에 대한 유일한 대답일까? 이 대답이 분명 틀린 것은 아니지만, 청소기를 전적으로 드러낼 수 있는 것도 아니다. 그러므로 이 대답이 뭔가 부족하다고 생각한다면 이 부족함이 만들어내는 끊임없는 질문들로 청소기는 결국 불투명한 존재가 된다. 이 불투명성이 청소하는 물건으로 지나친 청소기의 투명성을 넘어선다.

그러므로 이제부터 청소기는 쓸데없이 발에 걸려 넘어지며 시도 때도 없이 사고思考 속으로 쳐들어온다. 이는 청소기와 맺는 새로운 관계를 드러내는 것이다. 비로소 청소기는 도구가 아닌 사물이 되었으며 사물로서 질문하고 사물로서 답한다. 이제 청소기가 제 기능을 못해도 있는 것 자체로 무엇인가 드러낸다.

예수에 대한 질문도 이와 마찬가지다. 예수를 믿는 사람들을 가장 당황하게 하는 질문들 가운데 하나는 '예수는 누구인가?'이다. 이러한 질문에 대해 '예수는 나를 위해서 죽으셨고 부활하신 분이다' '예수는 우리를 죄에서 구원하신 분이다' '예수는 나를 사랑하시는 분이다' '예수는 그리스도다'와 같은 대답을 하면 그 다음에는 할 말이 없다. 그리고 오히려 반문한다. 그 뻔한 것을 왜 묻느냐고. 그러나 '예수는 누구인가?'라는 질문에 이와 같은 대답 말고 다른 방도가 없다는 사람은 마치 청소기는 청소하는 물건이라고 대답한 사람과 같다.

위에서 언급한 대답에 그친다면 예수는 그의 도구성에 머문다. 이때 예수는 구세주라는 자신의 역할로 투명성을 확보하고 그의 기능적 의미를 성실히 수행한다. 그러나 청소기와 마찬가지로 구세주라는 기능만으로 예수의 모든 것을 설명하기에는 부족하다. 이 부족함으로 또 다른 질문을 만들어내다 보면, 예수는 불투명하게 된다. 그리고 뻔한 질문에 뻔한 답을 하던 자들에게 예수는 걸려 넘어지며 불편하고 신경 쓰이는 존재가 된다.

'너는 나를 누구라 하느냐?'는 이와 같이 '너'에 대해서 '나'의 불투명성을 극대화한 질문이라 할 수 있다. 늘 그랬던 것처럼 예수를 따라 다니며 예수의 말씀을 듣고 예수의 기적을 보고 예수와 함께 밥을 먹기도 하고 잠을 자기도 한 제자들에게 예수는 투명한 존재이다. 늘 옆에서 그들의 문제를 해결해주는 해결사이기 때문이다. 그렇게 자신의 사명을 다함으로써 자신의 도구성을 유감없이 발휘할 때, 그와 제자들 사이에는 아무 문제도 일어나지 않는다.

그러나 이 당연한 일을 황당한 사건으로 바꾼 것이 바로 '너는 나를 누구라 하느냐?'라는 질문이다. 이 질문은 예수를 제자들 앞에 세움으로써 예수가 그들에게 더 이상 투명한 존재가 아니라는 것을 드러내고자 한다. 이 질문은 제자들이 더는 스스럼없이 예수를 관통하지 못하게 만들며 제자들이 거기 그렇게 있는 예수를 비로소 의식하게 만든다.

예수는 질문을 던져 제자들에게 저항하고 스쳐지나간 그들의 눈길을 자신에게 멈추게 만든다. 그리고 그들에게 예수의 의미를 확인시키고자 한다. '너는 나를 누구라 하느냐?'라는 예수의 질문에, 예수의 제자인 베드로는 "주는 그리스도이고 살아계신 하나님의 아들입니다"라고 대답한다. 그러나 이렇게 멋진 대답을 한 베드로는 곧 예수로부터 '사탄아, 물러가라!'라는 비난을 받는다.

예수 그리스도에 대한 그의 고백과 그에 대한 엄청난 비난이 어떻게 양립할 수 있을까? 베드로의 대답과 예수의 비난 사이에는 예수의 죽음에 대한 고지가 있다. 베드로의 대답 후에 예수는 자신이 죽을 것임을 예고한다. 베드로는 이 느닷없는 고지에 예수의 죽음이 가당치 않은 일이라 응수한다. 예수의 비난은 이에 대한 것이다.

'너는 나를 누구라 하느냐?'라는 질문에 대한, 베드로의 '주는 그리스도이고 살아계신 하나님의 아들입니다'라는 대답은 훌륭한 것이었지만, 죽음에 대한 예수의 고지를 이해하지 못함으로써 가장 평범하고 무의미한 것이 되었다. 그것은 마치

'청소기는 무엇이냐?'에 대한 대답, '청소기는 청소하는 물건이다'와 유사하게 된 것이다.

예수를 그리스도라 고백한 베드로가 예수의 죽음을 받아들이지 못한 것은 예수에 대한 투명성 때문이다. 베드로의 대답은 예수의 도구성을 넘어서지 못하고 예수를 그의 앞에서 그대로 통과시킨다. 이 투명성은 예수를 도구화함으로써 예수가 끊임없이 병을 고치고 기적을 행하며 말씀을 가르치도록 할 뿐이다.

예수에 대한 인식을 통해서만 예수와 대면할 수 있고, 이 대면을 통해서 그의 의미를 물을 수 있다면 베드로는 실패했다. 도구성은 사용을 통해서 입증되는 반면, 사물화는 인식을 통해서 입증되기 때문이다. 만남은 인식을 통해서 이루어진다. 그러므로 예수를 사용하고 있는 한, 예수와 만나는 것은 힘들며 그의 의미는 언제나 관심 밖에 있을 수밖에 없다.

이러한 상황에서, 죽음은 예수를 인식하는 고리역할을 한다. 고장 난 청소기가 도구에서 사물로 바뀌듯이 예수의 죽음은 도구화되는 예수와 사물화 되는 예수의 중간지점에 놓인다. 예수의 죽음은 그의 그리스도성을 용도폐기하기 때문이다.

그것은 고장 난 청소기처럼 예수의 용도를 의심하게 하고 예수를 쓸모없고 귀찮은 존재로 만들어버린다. 이 때문에 그리스도 예수의 죽음에 직면해서 베드로는 예수에 걸려 넘어진다. 그래서 오히려 죽음을 말하는 예수를 나무라며 그런 일은 영원히 일어나지 않을 것이라 생각한다. 베드로의 이러한 상상에 일격을 가하며 그를 '사탄'이라고 부른 예수는 베드로 앞에서 버티고 반항하며 자신의 의미를 드러낸다.

그러므로 '너는 나를 누구라 하느냐?'라는 질문은, 예수가 자신을 항변하는 이 지점에 다시 놓여야 한다. 예수는 '주는 그리스도이고 살아계신 하나님의 아들입니다'라는 대답에 만족하지 않기 때문이다. 예수는 그 대답을 자신의 죽음과 연결시킴으로써 자신의 죽음이 그의 제자들을 어떻게 통과하는지 보고자 한다. 죽음에 대한 이해 후에, 과연 제자들이 자신을 어떻게 이해하는 지를 보려고 하는 것이다.

그러므로 죽음은 제자들에게 던져진 화두이다. 이로부터 끊임없이 묻고 대답하기를 멈추지 않으며 예수는 자신을 불편한 존재로 만들고자 한다. '너는 나를 누구라 하느냐?'라는 질문의 의도는 바로 이것이다. 그러므로 예수의 도구성을 넘어서 예수의 의미를 찾고자 한다면, 예수의 질문과 예수의 죽음을 연결해야 한다.

그러나 1세기 팔레스타인을 배경으로 하면 그리스도인 예수의 죽음을 받아들여야 한다는 것은 당혹스럽다. 1세기에 널리 퍼진 메시아의 모습은 예수와 사뭇 다르기 때문이다. 하나님의 선택을 받아 이스라엘을 구원할 메시아에 대한 다양한 상이 있기는 했지만, 1세기 팔레스타인의 유대인들이 가장 선호한 메시아는 힘과 능력이 있는 자였다. 거대 이방민족들에게서 온갖 억압과 고통을 받은 이스라엘 민족을 해방시킬 자여야 했기 때문이다.

그러므로 상상이 현실을 지나치는 것이 아니라면 예수의 죽음을 좇아 들어간 세계 속에서 만난 1세기 팔레스타인의 현실 역시 지나칠 수 없다. 예수의 의미는 기존의 질서와 맞설 때 더욱 두드러지기 때문이다. 1세기 팔레스타인은 예수와 그의 사람들이 살아 숨 쉬던 공간으로, 그들을 형성한 공간일 뿐 아니라 그들이 도전한 공간이기도 하다. 다시 말하면, 그곳은 예수의 정체성과 독특함이 형성되어 예수가 그리스도라 고백하던 곳이다.

그곳에서 무슨 일이 일어난 것일까? 왜 그곳에서 다른 이가 아닌 예수가 그리스도로 고백된 것일까? 예수의 이러한 독특함을 알기 위해서 1세기 팔레스타인의 정치, 경제, 사회, 종교의 구조를 이해할 필요가 있다. 당시 시대의 구조와 특성과 대비할 때 예수의 독특성을 볼 수 있고, 그 독특성이 예수의 그리스도 됨을 드러낼 수 있기 때문이다.

나라 없는 이스라엘

1세기 팔레스타인은 매우 여러 겹의 구조를 지녔다. 그것은 이스라엘이 식민지 상태라는 데서 연유한다. 기원전 587년 정치의 독자성을 상실한 이스라엘은 1세기에 이르기까지 피식민지라는 고난의 역사에서 벗어날 수 없었다. 기원전 6세기 바벨론의 침공은 이스라엘의 역사에 암울한 그림자를 드리웠다. 이스라엘은 공들여 가꾸던 나라의 정치 독립을 상실했고 이스라엘의 많은 지도자들이 바벨론 포로로 잡혀갔다.

팔레스타인에 남겨진 땅은 황폐해졌다. 그 뒤, 이스라엘은 바벨론에서 해방되었지만 상황이 나아진 것은 아니었다. 바벨론을 물리친 페르시아가 서남아시아의 새로운 패권국으로 등장한 것이다. 이스라엘은 다시 페르시아의 지배를 받을 수밖에 없었다. 페르시아는 속국들의 자유를 어느 정도 허용했지만 그것은 종교에 한정된 것이었다. 그러므로 페르시아의 정치 속국으로 전락한 이스라엘은 단지 종교 공동체라는 정체성만 확보할 수 있었다.

포로로 잡혀갔던 유대인들이 이스라엘로 귀환해 성전건축에 사활을 건 것은 이러한 상황을 반영한다. 정치적 국가의 개념이 사라진 형편에 이스라엘을 묶어줄 새로운 정체성이 필요했기 때문이다. 성전은, 이스라엘이 야훼를 섬기는 종교 공동체라는 자신의 정당성과 의의를 눈으로 확인해줄 수 있는 것이었다. 혈통의 순수성과 함께, 성전에서의 예배의식을 강화하고 율법을 준수하는 행위들은 이스라엘의 정체성을 유지하는 핵심적인 요소가 되었다. 성전의 이러한 상징성은 예수시대에 이르기까지 오랫동안 중요하게 강조되었다.

그러나 이스라엘의 고난은 알렉산더의 등장으로 새로운 국면을 맞게 된다. 알렉산더는 서남아시아의 판도를 새롭게 바꾸었다. 패권을 다투던 군소 국가들을 하나의 끈으로 묶으며 유래 없는 대제국을 형성한 것이다. 기원전 4세기에 알렉산더에 의해서 형성되어 그 후 오랜 기간 역사에 영향을 준 헬레니즘 세계는 일종의 문화적 연대를 의미한다. 하나의 통일된 제국을 꿈꾸던 알렉산더는 인도에 이르기까지 거대한 지역을 정복했지만, 이 많은 지역을 정치적으로 통일시킬 수는 없었다. 다양한 지역을 하나로 연결시킨 것은 그리스문화였다.

그러나 문화적 통일체라고 해서 정치적 제약에서 자유로운

것은 아니었다. 알렉산더의 지배 아래 있다는 것은 정치적 속
국을 의미하기 때문에, 이스라엘은 정치적 자유를 누릴 수 없
었을 뿐 아니라 헬레니즘이라는 문화적 제약을 피할 수 없게
되었다. 더욱이 약 10여 년 동안 활발한 정복활동을 벌인 알
렉산더의 갑작스러운 죽음은 이스라엘의 혼란을 가속시키는
결과를 초래했다. 알렉산더라는 거인이 죽자, 그의 후계자들
이 나와서 치열한 패권경쟁을 벌였고, 그로 인해서 헬레니즘
세계가 분열되었기 때문이다.

분열은 헬레니즘 세계의 정책에 혼선을 가져왔다. 패권경쟁
으로 인한 혼란과 더불어 패권을 잡은 세력의 경향성이 더해
졌기 때문이다. 이러한 상황에서, 헬레니즘의 문화적 강요는
이스라엘의 종교적 정체성에 위협을 가하기에 충분한 것이었
다. 더욱이 헬레니즘 세계의 판도가 끊임없이 흔들리면서 점
차 헬레니즘의 문화 압박은 속도를 더해갔다. 그것은 그리스
문화를 수용하는 정도가 아니라 유대적인 것을 버리는 데까지
나아갔기 때문이다.

이 때, 이스라엘에 새로운 돌파구를 열어 준 사건이 일어났
다. 팔레스타인의 한 시골에서 소리 없이 혁명이 일어난 것이
다. 마카비 혁명이라고 부르는 것으로, 기원전 2세기에 일어난
이 혁명은 헬레니즘을 강요하는 왕의 특사를 죽인 유대인 제
사장과 그의 아들들이 시작했다. 그들은 처음부터 혁명을 꿈
꾸지 않았을지 모른다. 그러나 점차 많은 사람들이 그들에게
동조했고 이스라엘을 되찾으려는 그들의 꿈은 커져만 갔다.

헬레니즘이라는 거대한 세력에 대항해서 오합지졸처럼 형성한 무리들이, 오랫동안 이방인들에게 내주었던 그들의 성전을 되찾았다. 성전을 되찾은 것은 이스라엘의 종교 독립을 가능하게 했고 결국은 헬레니즘에 대항할 수 있는 독립 왕조를 형성하게 했다. 마카비 왕조나 하스몬 왕조라 부르는 이것은, 기원전 6세기 이후 힘을 잃은 채 수백 년을 지내온 이스라엘이 천신만고 끝에 얻은 왕조였다.

그러나 독립 왕조는 그리 오래 가지 못했다. 왕조를 둘러싸고 권력을 위한 암투들이 일어났으며, 결국 그것이 왕조의 생명을 단축시켰기 때문이다. 왕과 제사장의 결탁, 세도가들의 음모, 왕위 계승을 놓고 벌어지는 끝없는 살육과 반란 등 어느 역사에서나 볼 수 있는 것들이 이곳에서도 일어났다.

그것은 이스라엘의 정체성에 대한 욕구보다 권력에 대한 욕구를 드러냄으로써, 역사의 면면을 들여다보게 하기도 한다. 이스라엘의 짧은 왕조는 역사의 가장 일반적인 법칙을 그대로 드러내주기 때문이다. 혁명성을 유지하는 혁명은 그리 흔하지 않고, 혁명으로 잡은 권력은 항상 또 다른 혁명의 대상이 된다는 사실 말이다. 어쩌면 그것이 혁명의 운명일지도 모른다.

그러므로 혁명에 참가한 사람들은 부패한 권력에서 떨어져 나왔다. 그들은 권력 밖에서 권력을 비판하며 새롭게 유대의 정체성을 만들어나가고자 했다. 신약성경에서 예수의 대적자로 나오는 바리새인들이 바로 그들이다. 바리새인들은 권력의 핵심인 제사장들의 불의에 반대해 새로운 정체성을 외친 자들이다. 바리새인들과 더불어 다양한 유대인들의 종파들이 생겨난 것이 이 때이다.

　다양한 종파의 출현은 이스라엘 민중들이 그들의 새로운 왕조를 더는 신뢰하지 않는다는 것을 보여준다. 민중들은 외세의 압력과 왕조의 다툼에 신물을 냈으며 그러한 왕조라면 있을 이유가 있느냐고 반문했다. 헬레니즘 세계 안에서 일어나던 세력다툼으로 그들 모두 기진맥진했다. 점차 강성해진 로마는 이 틈을 놓치지 않았다. 로마는 어느새 서남아시아 지역의 패권을 거머쥐고 새로운 통일제국을 위한 걸음을 차근히 옮기고 있었다.

　이러한 때에 권력다툼을 하던 유대왕조 안의 다른 두 세력이 모두 로마에게 손을 내밀고 도움을 구했다. 외세로부터 독립을 염원하며 그렇게 많은 피를 흘려 만든 왕조였지만 집권자들은 권력을 유지하기 위해서 외세에 기대기를 서슴지 않은 것이다. 결국 세력을 키워가며 팔레스타인 공략 시기를 살피던 로마는 피 한 방울 흘리지 않고 팔레스타인에 입성할 수 있었다. 이것으로 유대는 짧은 독립 왕조 시기를 마감했다.

　왕조가 없어진 것에 대한 민중의 반응은 그다지 크지 않았다. 외세의 지배로 자신의 역할을 제대로 하지 못한 왕조는 민중의 삶에 별다른 변화를 가져오지 못했기 때문이다. 어쩌면 그들은 짐을 하나 내려놓았다고 숨을 돌렸는지도 모른다. 유대의 독립 왕조는 부패하고 허깨비 같은 권력이 어떻게 민중의 삶과 떨어질 수 있는지 보여주는 것에 만족해야 했다.

로마 제국

　기원전 1세기 이후 팔레스타인은 여러 구역으로 나뉜 채 로마의 지배에 들어갔다. 팔레스타인이 로마의 통치 아래 신음하던 이 시절에 예수가 등장했고 초대교회가 형성되었으며 신약성경이 쓰였다. 그러므로 예수 그리스도를 이해하려면 로마라는 배경을 이해해야 한다. 물론 이 시기에 문화의 영향력은 여전히 헬레니즘에 놓여 있었다. 거대제국을 이룬 로마는 정치면에서는 역사의 한 장을 장식할 만하지만 문화에는 기여한바가 없다. 그러므로 예수 그리스도와 로마의 관계는 신약성경 속 인물들이 활동하고 그들에 대한 이야기가 쓰인 사회의구조 측면에 초점을 맞추어야 한다.

　로마를 비롯한 고대사회의 특성은 사회구조의 위계질서이

다. 이는 일종의 피라미드 구조로 계층 간에 분명하게 서열을 정한다. 이러한 사회구조는 현대까지도 낯설지 않은 것이지만, 현대와 고대의 차이는 그것의 태생성 여부에 있다. 고대뿐 아니라 중세까지 지속된 위계질서의 특징은 타고난 것을 바탕으로 계급을 나눈다는 것이다. 그러나 근대 이후에는 개인의 능력이 태생의 자리를 대신한다. 근대 이후의 시기를 자유라는 단어로 표현할 수 있다면, 자유는 인간이 태생의 굴레에서 벗어나는 날개 역할을 했다.

태어날 때부터 결정된 신분을 바꾸는 것은 쉽지 않다. 자신의 신분을 바꾸는 일이 전혀 불가능한 것은 아니지만 명예를 중시하는 로마에서는 노력해서 얻은 신분은 언제나 타고난 신분에 밀렸다. 그러므로 폐쇄된 사회에서 피라미드의 밑에 속하는 것은 고난을 떠안고 사는 것을 의미했다. 이들은 견딜 수 없는 과중한 의무에 시달렸다. 로마 공화정 때에 일어난 혼란은 이러한 질서에 대한 반란이며, 모든 반란의 바탕에는 자유에 대한 욕구가 자리 잡는다.

그런데도 피라미드의 상층부를 형성하는 비율은 점차 줄어들었고 하층부를 구성하는 비율은 늘어났다. 1세기 팔레스타인의 경우 상위 3%에 해당하는 사람들이 전체 경제의 대부분을 차지했다. 어느 사회에서나 경제와 권력이 맞닿아 있다는 것에 주목한다면, 1세기 팔레스타인의 피라미드가 나타내는 불평등과 불의의 정도가 어떠한지 상상할 수 있다. 이러한 불평등한 상황을 떠받들고 있는 구조가 바로 후원자(patron-client)

제도이다.

계층으로 나뉜 구조 속에서 후원자제도는 위의 계층에 있는 사람(patron, 후원자)이 아래 계층에 있는 사람(client, 피후원자)을 돌보고 돌봄을 받은 사람은 돌봄을 베푼 이에게 충성하는 제도이다. 이들은 서로 고리처럼 연결되어 최상층과 최하층에 있는 사람들을 제외하고 중간 계층의 사람들은 위 계층의 사람들에게 후원받고 아래 계층의 사람들을 후원하기도 한다. 후원자가 보호의 대가를 요구함으로써 피후원자들은 항상 보호받는 것보다 더 많은 의무를 져야하는 구조였다.

태생의 폐쇄성을 바탕으로 삼은 사회에서 불의한 구조의 고리를 끊을 수 없는 사람들에게 후원제도는 일종의 족쇄였다. 아마도 이 관계는 니부어Reinhold Niebuhr가 언급한 '은총의 역설'에 해당한다고 볼 수 있다. 은총의 역설이란 '누군가 선한 일을 하려고 할 때, 언제나 남에게 피해를 줄 수 있다'는 것이다. 선한 의도에 따르는 부작용과 같은 것이라 할 수 있다. 후원자제도는 힘없는 자들을 도와주려는 것이었지만, 피보호자들을 과중한 부담에서 벗어날 수 없게 만들기도 했다.

앞에서 언급한 「올드 보이」의 첫 장면은 이러한 구조를 상징한다. 넥타이 끝에 매달려 있는 남자가 넥타이를 쥐고 있는 오대수에게 목숨을 담보 잡힌 것처럼, 피라미드의 윗부분에 있는 사람은 아랫부분 사람들의 목숨을 좌지우지 할 수 있다. 넥타이를 잡을 것인가 놓을 것인가 결정하는 사람은 잡힌 사람이 아니라 잡은 사람이다. 피라미드 윗부분에 있는 자들에게서 벗어나고자 하는 희망은 아랫사람들의 의지로 결정할 수 없다. 아랫사람이 자신의 의지로 피라미드를 벗어나는 것은 사회 고립과 죽음만을 초래할 뿐이다.

그러므로 로마의 귀족들은 토지보다 사람에게 더욱 의지했다. 피후원자가 제공하는 충성은 후원자의 입지를 구축하는 밑거름이기에 후원자는 많은 피후원자를 확보하려고 했고, 피후원자에 힘입어 그들에 대항하는 적대자와 맞설 수 있었다. 이 같은 노력은 이방인들에게까지 확장되었으며, 이를 통해서 후원자-피후원자라는 배타성 짙은 제도가 로마를 개방적으로 만든 것은 역사의 아이러니이다.

이런 상황에서 로마의 통치를 받는 팔레스타인 민중들의 고통은 가히 짐작할만하다. 그들은 감당할 수 없는 로마라는 거대세력과 유대의 내부적 사회구조에 따른 위계질서에 시달려야 했다. 당시 일부러 노예로 전락하는 사람들이 속출했다는 보도는 이러한 상황을 반영한다. 우월한 위치에 있는 자유민이 스스로 노예로 전락하는 이유는 간단하다. 노예는 주인의 보호 속에서 밥이라도 먹고 살 수 있기 때문이다. 사회구조의 불평등이 피라미드 아랫부분을 넓혀가는 모습은 신음하는 1세기 팔레스타인의 상황을 적나라하게 보여준다.

이러한 고난 속에서 그들의 상상을 자극한 사람들 중 한명이 다윗 왕이었다. 다윗은 이스라엘의 역사에서 가장 위대한 왕들 가운데 한 명이다. 그는 이스라엘의 적을 무찌르고 이스라엘이 나라 모양을 갖출 수 있도록 했으며, 이스라엘의 하나님이 이스라엘에게 보인 구원이 어떠한지를 만천하에 드러냈다. 억압당할 때마다 이스라엘 사람들은 이런 상상을 했을지도 모른다. 그 옛날 다윗 같은 이가 다시 온다면 그들에게도 희망이 있다고 말이다.

그러므로 이스라엘이 고대하던 메시아는 다윗과 같은 힘 있는 자의 모습으로 나타난다. 그들은 강한 힘으로 이스라엘을 구원하며 이스라엘을 다시 일으킬 메시아를 소원했다. 예수를 그리스도로 고백한 베드로도 이 소망을 가졌을 것이다. 그는 그들이 고난 받으며 기다리던 '그 메시아'가 오기를 꿈꾸었을 것이다. 그가 예수 곁에서 본 예수의 능력은 그를 메시아로 믿기에 충분했을지 모른다.

기다리던 바로 '그 메시아'가 바로 예수라는 확신은 베드로의 고백 속에 충분히 나타난다. "주는 그리스도이고 살아계신 하나님의 아들입니다." 이러한 확신 때문에 베드로는 주저하지 않고 예수를 따랐을 것이다. 그러므로 예수가 뜬금없이 자신의 죽음을 이야기했을 때, 그것은 여러모로 가당치 않은 일이었다. 아마도 베드로는 예수에 대해 이런 상상을 했을 것이다. 예수가 메시아라면 그렇게 허망하게 죽을 수도 실패할 수도 없다고 말이다.

현실과 상상이 분리되기 어렵다는 것은, 베드로의 실패에서 분명하게 드러난다. 베드로는 다른 세상을 꿈꾸며 그리스도를 기다렸지만, 그의 기대는 그가 속한 역사적 현실을 벗어나지 못한다. 베드로는 자신에게 이미 익숙한 그것을 떠나서 더 이

상 새로운 상상을 할 수 없었다. 이스라엘의 백성들이 꿈꾸던 다윗과 같은 위용 있는 메시아를 예수에게서 찾아낸다는 것도 쉽지 않은데, 게다가 죽기까지 하는 무력한 예수를 받아들이는 일은, 애초에 가능하지 않았는지 모른다.

모든 이들이 함께 꿈꾸며 갈망하는 상상이 어느 새 진리의 자리를 차지하는 일은 비일비재하다. 그러나 이러한 일상을 벗어나는 것이 진정한 상상의 힘이며, 그것이 제자들에게 자신의 정체를 묻는 예수의 속내일지도 모른다. 모든 이들이 상상하는 것, 그것이 항상 옳은 것은 아니기 때문이다.

하나님 나라

정치, 사회, 경제가 암울한 팔레스타인을 배경으로 예수 그리스도는 하나님 나라를 세상에 전했다. 하나님 나라는 유대인들에게 낯선 개념이 아니다. 하나님 나라는 그들의 오랜 기다림의 대상이다. 하나님 나라는 '나라'라는 단어가 주는 느낌 때문에 종종 공간적 의미로 축소되지만 이것은 보다 넓은 개념을 지닌다. 하나님 나라는 하나님이 통치하는 것을 뜻하기 때문이다. 그러므로 하나님 나라에 대한 소망은 메시아를 기다리며 새로운 세상을 갈망하던 이스라엘의 오랜 희망이다. 오랜 기간 고난에 시달린 이스라엘은 그들을 지배하는 악한 세상을 끝낼 하나님의 통치를 고대했다. 어쩌면 그것은 현실에서 거대한 세력들과 맞서지 못하는 이스라엘이 지닌 유일한 희망이었다.

이러한 희망은 하나님 통치와 인간의 통치를 대립시키는 이스라엘의 사상 구조에 담긴 것이라 할 수 있다. 왕이 없던 시절, 이스라엘은 제사장이던 사무엘에게 왕의 통치를 요구한다. 사무엘은, 이스라엘이 왕을 요구하는 것은 제사장인 자신에 대한 거부라고 불쾌히 여긴다. 이에 대해서 구약성경은 왕의 통치에 대한 요구가 사무엘에 대한 반대가 아니라 하나님에 대한 반대라는 사실을 강조한다. 왕이 없던 시절이란 왕 대신 하나님이 통치하던 시절을 뜻하는데, 이제 이스라엘이 왕을 원하는 것은 그들이 자신들을 통치하던 하나님을 버리고 왕을 선택했다는 것을 뜻하기 때문이다.

구약성경은 인간의 통치에 따른 불의를 이스라엘의 모든 악이 시작된 길갈(사울이 왕으로 결정된 도시)에 돌림으로써, 인간의 통치가 불러일으키는 악에 대한 유일한 대안이 하나님의 통치임을 은근히 드러낸다. 그러므로 오랜 고통과 억압의 세월을 거쳐 로마라는 거대제국의 압제에 허덕이며 또한 한편으로 태생성에 발목 잡혀있는 사람들에게, 예수가 밝힌 하나님 나라는 새로운 희망이자 새로운 가능성이었다. 예수 그리스도를 따라다니며 그의 기적에 놀란 민중들의 마음 한 구석에는 아마도 새로운 세상이 오리라는 믿음이 싹트고 있었을 것이다.

그러므로 하나님 나라를 기다리던 많은 사람들은 '언제'와 '어떻게'에 대해 많은 관심을 두었다. '언제'와 '어떻게'는 그들이 하나님 나라에 들어 갈 준비를 할 수 있게 하기 때문이다. 유대인들의 이러한 질문에 대해서 예수는 한편으로 '언제' 하나님 나라가 올 지 알 수 없다고 말한다. 그리고 '어떻게' 오는지에 대해서는 마지막에 일어날 다양한 현상들에 대한 설명으로 대신한다. 이러한 설명들은 대체로 전쟁과 환란과 고통과 같은 것들로 채워져 있다.

그러나 한편으로 예수는 하나님 나라가 이미 왔다고 선포하는데, '이미' 온 하나님 나라와 '아직' 오지 않은 하나님 나라의 '어떻게'는 상당한 차이가 있다. 마지막 때의 환란과 전쟁과 고통이 오지 않았는데도 소리 없이 하나님 나라가 이미 와있기 때문이다.

이러한 하나님 나라를 가장 훌륭하게 표현하는 것은 겨자씨 비유라고 할 수 있다. 예수는 하나님 나라가 마치 겨자씨와 같다고 말한다. 겨자씨는 씨 가운데 가장 작지만 나중에는 거대한 나무로 자라나 온갖 새들이 머물고 많은 사람에게 쉼을 제공하기 때문이다.

겨자씨 비유는 하나님 나라의 보잘것없는 처음과 큰 열매를 거두는 마지막을 대조시키고 있다고 해석되거나 혹은 조그만 씨에서 큰 나무로 자라는 하나님 나라의 성장 과정을 드러내고 있다고 해석되기도 한다. 양쪽의 해석에 차이가 있지만, 어느 한 쪽을 택하더라도 이 비유의 아름다움은 손상되지 않는다. 이 비유의 목적은 모든 생명체가 가지고 있는 시원과 그 결과를 들여다보게 하기 때문이다.

물론 겨자씨는 씨 가운데 가장 작지도 않고 자라난 나무도 나무 가운데 가장 크지도 않다. 과장이 섞인 이 비유의 초점은 조그만 씨에서 시작해 말할 수 없이 커지는 나무의 모습을 상상하게 하는 것이다. 그러므로 강조점이 다르다 하더라도, 두 개의 해석은 씨에서 발아해서 나무로 자란 하나님 나라의 생명성을 훼손하지 않는다.

땅 속에 묻힌 씨가 썩어서 순을 돋우며 땅으로 솟아나는 것은 치열하기 이를 데 없는 일이다. 이러한 생명의 탄생은 언제나 모르는 사이에 찾아온다. 며칠 밤을 뜬 눈으로 새워도 그 순간을 보기는 쉽지 않다. 그냥 어느 순간에 보면 그곳에 씨를 묻었다는 사실을 기억나게 하는 순이 돋았을 뿐이다. 씨앗은 조용하지만 치열하게 나무로 자란다. 신약성경에서 예수가 가져온 하나님 나라는 이렇게 상징화된다.

그렇다면 예수가 가져온 하나님 나라의 특징은 무엇인가? 새로운 질서를 꿈꾸는 전복적 가능성으로서 하나님 나라가 그 내용과 방법에 있어서도 과연 그렇게 혁명적일까? 예수의 혁명성을 강조하는 사람들은 가끔 새로운 질서에 대한 염원을 하나님 나라에 투사했고 혁명의 방법으로 하나님 나라를 일구어내고자 했다. 그러나 그들은 하나님 나라의 혁명 질서와 그것을 일구어낸 방법의 차이를 지나쳤다. 예수는 하나님 나라를 혁명으로 만들어내지 않았다. 여기서 혁명이란 사회 질서를 뒤집는 무력 행위를 포함한다.

성경은, 하나님 나라가 오기를 기다리는 자들에게 복음을 위해서 고난을 견디면서 기다릴 것을 요구한다. 이와 더불어 하나님 나라는 그들이 만드는 것이 아닌 하나님이 주는 것이라는 점을 강조한다. 여기에 예수가 선포한 하나님 나라의 주된 특징이 있다. 하나님 나라를 기다리는 사람들은 단지 하나님의 통치 속에 들어가는 기쁨을 누릴 수 있을 뿐이며 그에 합당한 삶을 요구받을 뿐이다. 그러므로 전복 행위로 하나님 나라의 질서를 만들어나가고자 한다면 그것은 새로운 길갈을 만드는 것 밖에는 안 된다.

전복 행위를 요구하지 않은 채 희망을 품게 하는 것은 확실히 하나님 나라의 모순이다. 그러나 이 모순은 바로 생명의 신비를 적나라하게 드러낸다. 겨자씨 비유처럼 그것은 치열하지만 소리 없이 일어나는 것이기 때문이다. 혁명답지 않다는 것은 무력이 아닌 다른 방법을 요구하는 것이다. 그러므로 그 '다른' 방법을 이해하지 않으면 예수가 선포한 하나님 나라를 볼 수 없으며 예수가 왜 그리스도인지도 알 수 없다.

이 방법은 바로 씨가 썩는 것과 같다. 씨가 소리 없이 썩어야 치열하게 땅을 뚫고 순이 나는 것처럼, 하나님 나라는 기다리는 사람들의 썩는 행위를 통해서 소리 없이 이 땅에 드러난다. 예수 그리스도의 선포와 행위는 바로 이 썩는 모습을 보여준다. 그는 이 썩는 모습을 통해서 새로운 질서를 세우고 그 질서로 하나님 나라에 대한 희망을 드러낸다.

그러나 문제는 '썩음'이라는 추상 개념이 예수 그리스도에게서 어떻게 나타났는가 하는 것이다. 예수의 말과 행동을 통해서 그 추상의 의미를 드러낼 수 있을 때, 1세기의 팔레스타인에서 태동한 기독교의 특징을 이해할 수 있기 때문이다. 더욱이 거대 로마의 지배로 고난 받는 팔레스타인의 민중들에게 썩음을 말했다면 과연 그것은 무슨 의미인가? 실제로 썩을 대로 썩고 있는 그들에게 하나님 나라의 썩음이 과연 희망일 수 있는가? 이러한 썩어짐이 일종의 포기와 버림을 뜻한다면 '무엇을 버리고 무엇을 포기할 것인가?'

이 '무엇'에 대한 것이 예수의 행위와 말씀의 핵심이다. '무엇'을 알기 위해서는 신약성경에서 말하는 예수의 정체성에서 출발해야 한다. 신약성경에서는 예수를 그리스도, 하나님의 아들, 주, 인자, 왕으로 부른다. 이러한 칭호는 예수에게 최상의 지위를 부여한다. 그러나 중요한 것은 이 칭호들이 지닌 의미이다. 왜냐하면 이 칭호들은 보통 다른 사람에게 쓸 수 있는 것들인데, 그것은 예수에게 쓸 때도 같은 의미인지 의문이 들기 때문이다.

예수에게 적용한 칭호와 예수의 삶은 서로 상반되는 듯하다. 그는 왕이라 불렸지만 왕이기를 거부했고 그를 왕으로 모시고자 하는 사람들을 피해서 떠나기도 한다. 그는 하나님의 아들이라 불리지만, 하나님의 아들이 누릴 수 있는 영광과 권세를 바라지 않는다. 심지어 그는 신으로 불리지만 그 신의 모습이란 초라하게 대적자들에게 공격당하고 제자들조차도 그가 누구인지 제대로 알지 못하는 것이다.

예수의 칭호와 정체의 이러한 불균형으로 인해, 예수가 그리스도란 사실보다 '어떤' 그리스도인지 중요해진다. 신약성 경에 있는 예수의 칭호는 확실히 보통 의미를 벗어나기 때문이다. '너는 나를 누구라고 하느냐?'는 질문에 예수의 죽음에 대한 고지가 따라오며, 예수를 '그리스도요 하나님의 아들'이라고 대답한 베드로가 비난받은 것은 이와 같은 이유이다. 예수는 그의 삶을 통해서 그가 받는 칭호에 새로운 의미를 부여한다. 그렇다면 예수의 칭호와 예수의 정체 사이에 있는 괴리는 어디에서 발생하는 것일까?

그것은 권력 혹은 힘에 대한 이해이다. 예수에게 붙인 다양한 칭호는 그가 권력을 가진 자라는 것을 뜻한다. 신약성경은 '엑수시아eksousia'라는 단어를 사용해서 그것을 드러낸다. 엑수시아는 권세, 힘, 능력 등을 뜻하는 헬라어로 '하나님에게서 받은 초월적 능력'을 의미한다. 여러 가지 호칭을 사용해 예수를 말할 수 있지만, 그 많은 호칭들의 공통점은 그가 권력을 가진 자임을 드러낸다는 것이다. 그러므로 여기서 문제는 그의 권력이 그의 삶을 통해서 어떻게 나타났는가 하는 것이다. 이 권력이 그의 정체를 드러내는 기준이 되기 때문이다.

예수는 서로 크다고 다투는 제자들에게 진정으로 큰 자가 되는 방법을 알려준다. 그러나 그 방법은 보통 알고 있는 방법과는 다른 것이다. 예수는 제자들에게 다음과 같이 말한다. "이방인의 임금들은 그들을 주관하며 그 집권자들은 은인이라 칭함을 받으나 너희는 그렇지 않을지니 너희 중에 큰 자는 젊은 자와 같고 다스리는 자는 섬기는 자와 같을지니라."

예수 제자들의 삶과 비교되는, 일상과 상식의 본보기로 거론되는 자들은 이방인의 왕들이다. 여기서 이방인의 왕들이란 당시 집권층들을 상징한다. 이방인의 왕들은 다른 사람들을 주관하며 그들에게서 은인이라 칭함을 받음으로써 자신들의 권력을 과시한다.

후원자제도 속에서 후원자는 피후원자를 '주관한다.' 여기서 주관한다는 것은 그들을 '임의대로 부려먹는다'는 뜻이다. 이러한 힘의 사슬 속에서 그 능력의 은혜를 입은 사람은 후원자를 은인이나 시혜자로 부르며 그들에 대한 충성을 맹세한다. 이방인의 왕들이 보여주는 이러한 권력은 당시 사회 구조를 바탕으로 상식과 일상적 힘 관계를 드러내주는 것이다.

그러나 예수는 이러한 권력에 이의를 제기한다. 그는 자신의 제자들에게 이방인의 왕들처럼 행동하지 말라고 요구한다. 제자들에 대한 요구가 예수 자신에게도 적용됨은 물론이다. 그는, 자신이 섬김을 받으러 온 것이 아니라 섬기러 왔음을 강조하며, 다스리는 자가 되고 싶다면 섬기는 자가 되어야 한다고 말한다. 섬김과 낮아짐에 대한 예수의 요구는 당시의 사회 구조에서 받아들이기 쉽지 않은 것이다. 끝없이 버리고 낮은 자로 행동한다면, 그들이 당도할 곳은 뻔하기 때문이다.

피라미드의 아래로 내려가라는 이 요구가 희망이 되기에는 너무나 빈약해 보일 수 있다. 그러나 그것은 예수가 제시한 가장 강력한 대안이다. 폐쇄된 위계질서에 따라 귀족은 귀족을 낳고 노예는 노예를 낳는 암울한 사회 속에서, 누군가 그 고리를 끊으려는 의지를 실행하지 않으면 사회의 변혁은 이루어지지 않는다.

그런데 이 '단斷'의 의지가 '아래'에서 일어나 '위'를 향한다면, 그것은 사회를 거스르는 혁명의 형태를 보일 수밖에 없다. 그러나 예수의 요구는 이와 다르다. 예수는 '위'가 아닌 '아래'를 향한다. 예수의 요구가 전복적이기는 하지만 혁명의 모양을 띄지 않는 것은 이 때문이다. 이미 갖고 있는 것을 버리거나 이미 자리 잡은 곳에서 낮아짐은 고정된 질서를 소리 없이 파괴한다.

예수의 제안은 언제나 기존의 질서를 공격하는 성향을 띤다. 기존의 질서를 공격한다는 면에서 그것은 혁명적이라 할 수 있다. 그것은 태생으로 고정된 질서에 반동을 가함으로써 폐쇄된 사회를 열어젖히는 역할을 하기 때문이다. 그러나 아래를 향한 움직임은 다른 이들에게 해를 가하지 않고서 역동의 구조를 만들어낸다.

권력에 대한 도전

1960년대 프랑스와 독일을 중심으로 유럽 전역에 변화의 바람이 일었다. 흔히 68혁명이라고 부르는 것이다. 프랑스의 학생운동으로 시작한 것이 사회의 전반을 바꾸는 요구로 확장돼, 유럽은 물론 미국까지도 새로운 형태의 사고와 삶을 누리게 되었다. 68혁명 때 거리를 뒤덮은 수많은 표어 가운데 68혁명의 정신을 가장 잘 드러내는 것은 '상상력을 권좌로(L'imagination au pouvoir)'라는 표어이다. 이것은 68혁명이 무엇을 추구하고 있는지 매우 분명하게 보여준다.

낭테르 대학에서 시작한 이 운동의 귀결점은 '권력'의 문제였다. 권력에 대한 이해는 68혁명이 '반권위주의' '반제국주의' '반자본주의'를 목표로 했다는 점에서도 드러난다. 68혁명

43

은 누군가 독점한 여러 권력을 문제 삼는다. 이것은 권력의 독점이 부당하다는 인식에 기인한다. 이 부당성에 항거하는 권력에 대한 새로운 이해가 '상상력을 권좌로'라는 표어 속에 들어있다.

68혁명을 목격한 사르트르는 이 혁명의 가장 큰 특징으로 상상력을 강조했다. "68혁명에서 가장 흥미로운 것은 상상력을 권좌로 보낸다는 것입니다." 사르트르의 이 말은 68혁명 속에 들어있는 상상력을 포착한 것이다. 다음날 베트남 반전운동에서 사용한 '상상력을 권좌로'라는 표어는 68혁명을 대변하는 구호가 되었다.

사르트르는 혁명이 권력의 문제를 어떻게 다루는지 정확하게 파악했다. 혁명은 권력을 해체하려고 했다. 물론 실제 인간의 삶에서 권력을 해체하는 것은 불가능할지도 모른다. 그러나 혁명은 권력을 실제로부터 분리해, 상상의 세계로 날려 보냄으로써 불가능한 희망을 표출했다. 상상 속에서 가능하다면 그 상상은 현실을 바꾸는 힘이기 때문이다. 인간사의 모든 일들은 상상을 현실로 이루어내지 않았는가!

사회의 권력구조는 권력을 지키고 그것을 공고히 하는 데 초점을 맞춘다. 권력을 유지하기 위해 질서를 강조하며 사람들은 자신이 처한 곳에 합당한 삶의 모습을 부여받는다. 질서에 어긋나는 행동은 사회를 어지럽히며 권력에 도전하는 것이기 때문이다. 그러므로 권력에 대한 새로운 상상은 삶의 형태를 바꾸기에 충분하다. 더불어 힘의 독점으로 이루어진 진부

한 일상을 뒤엎는 상상력이 권력을 가질 수 있다면, 아마도 혁명이 꿈꾸던 세상에 더 가까이 다가갈 수 있을 것이다.

권좌에 앉은 자가 이방인의 왕처럼 사람들을 부리고 그들에게서 은인이라 칭송받으려는 사람이 아니라면 세상은 분명 다른 질서를 꿈꿀 수 있을 것이다. 상상력에게 모든 권력을 주는 일, 사람에게서 모든 권력을 빼앗는 일, 그것이 1960년대 유럽 젊은이들의 영혼을 지배한 꿈이었다.

예수의 꿈도 이와 다르지 않았다. 예수도 힘으로 지배하는 불변의 진리를 바꾸고자 권력에 대한 새로운 이해를 제시한다. 그러나 예수의 방법은 다르다. 그는 권력을 폭력으로 빼앗지 않고 그것을 스스로 포기할 것을 강조하기 때문이다.

더욱이 이러한 변화는 다른 이들에게 그것을 강요하기 전에 스스로 포기해 버리는 삶을 따름으로써 이루어진다. 그가 자신의 제자들에게 낮아짐의 삶을 요구하는 것은 이 때문이다. 권력에 대한 새로운 이해를 통해서 예수는 피라미드의 계층화가 얼마나 부당한 것인지를 폭로하며, 그것에 저항할 수 있는 가능성을 열어준다. 새롭게 열린 이러한 가능성은 기존의 권력 이해와 맞물린 사회 가치를 바꾸기 때문이다.

가치는 사실과 달리 주관 평가가 개입되는 것으로 대상과 주관 사이에 맺는 일종의 상관관계이다. 그러나 가치를 형성하는 데는 전통, 습관, 제도 같은 것이 작용해 가치의 주관성은 단지 개인의 것으로 한정되지 않는다. 특히 사회 가치는 그 사회의 구조와 일정한 관계를 유지함으로써 권력과 불가피한

연관성을 갖는다. 가치에 부여하는 사회의 위계질서는 가치와 권력의 상관관계를 나타내기 때문이다. 신약성경에 나타난 역전된 가치들은 권력과의 이러한 상관관계를 적나라하게 드러낸다.

유대인들에게 중요한 가치인 '거룩함'에 대한 예수의 태도는 이를 반영한다. 거룩함은 유대인들을 하나님의 백성으로 만들며 나라 없는 백성들의 정체성과 자존감을 지켜준 중요한 사회 가치이다. 유대인들은 자신들의 거룩함을 지키기 위해서 다양한 조건들을 갖추었다. 그 조건들을 통해서 거룩함을 유지하는 자들은 공동체 안에서 윗부분을 차지하는 반면, 조건을 충족시키지 못하고 공동체가 요구하는 거룩함에 참여하지 못한 자들은 공동체의 비주류로 남을 수밖에 없게 된다.

그러나 예수는 이러한 조건들을 폐기함으로써 그들의 사회 가치에 도전한다. 예수는 거룩함을 부정하거나 그것을 중요하지 않은 것으로 만들지 않는다. 거룩함은 예수에게도 중요한 가치이다. 그러나 방법에 있어서 예수는 거룩함을 유지하는 유대적인 모든 관습들을 무효화한다. 이를 통해서 그는 거룩함에 참여하는 새로운 방법을 제시하고, 이로써 기존의 질서에 대한 새로운 대안을 제시한다.

많은 문제를 일으킨 것들 가운데 하나가 음식예법이다. 음식을 먹을 때 지켜야 하는 정결법은 유대인의 거룩함을 유지하는데 매우 중요한 부분을 차지한다. 그들은 '언제, 어디서, 누구와, 무엇을, 어떻게' 먹어야 할지에 대한 것들을 정해 놓

왔다. 이 규정에 맞추어 그들의 거룩함을 유지할 수 있기 때문이다. 그러나 예수는 그들이 정해 놓은 이 규정들을 깨면서 새로운 거룩함에 대해 말한다.

예수는 죄인들과 밥을 먹고, 손을 씻는 예법도 지키지 않으며, 식탁에 앉는 예법도 아무것도 아닌 것으로 만든다. 유대인의 눈으로 보면 그것은 불결不潔이지만, 예수의 눈으로 보면 그것은 정결淨潔이며 새로운 정결로 이룩한 새로운 거룩함이다. 거룩함에 대한 새로운 이해는 결국 새로운 가치와 새로운 권력을 창조하는 것이다. 그것을 통해서 거룩함이 중심인 유대사회의 구조를 재조정할 수 있다. 이 때문에 유대인들의 지도자들은 별 볼일 없어 보이는 예수의 식탁에 그렇게 매달릴 수밖에 없었다.

새로운 가치에 대한 이러한 이해가 가장 극대화된 것이 행복에 대한 이해이다. 소위 행복지수는 그 사회나 그 사회에 속한 사람들의 가치를 드러낸다. 자신의 가치를 사회 속에서 실현하는 사람들은 행복지수가 높을 수 있다. 그러나 자신의 가치와 사회적 가치가 다르거나 그 차이가 점차 벌어질 때 사람들이 느끼는 행복감은 그만큼 박탈된다. 그러므로 기존의 사회 가치에 만족하지 못한 상황에서 새로운 가치마저 제시되지 못할 때 사람들이 느끼는 혼란은 커진다. 그러나 비록 기존의 가치에 동의하지 못한다고 할지라도 새로운 가치를 받아들일 수 있다면 그는 새로운 행복을 찾을 수 있고, 새로운 행복은 새로운 가치를 실현하는 원동력이 되기도 한다.

신약성경에서 행복에 대해서 말하는 본문은 소위 산상설교라고 부르는 단락의 첫머리이다. 산에 올라간 예수는 그를 따르는 무리들에게 8가지의 복에 대해서 말한다. 그러나 여기서 '복'으로 번역된 헬라어 '마카리오스makarios'에는 행복이라는 의미가 담겨 있으므로, 8복이라 불리는 것을 다음과 같이 해석할 수 있다.

> 영이 가난한 사람은 행복합니다.
> 슬퍼하는 자는 행복합니다.
> 비천한 자는 행복합니다.
> 의에 목마른 자는 행복합니다.
> 긍휼히 여기는 자는 행복합니다.
> 마음이 깨끗한 자는 행복합니다.
> 평화를 만드는 자는 행복합니다.
> 의를 위해 박해받는 자는 행복합니다.

물론, 복으로 해석하든 행복으로 해석하든 전체적인 의미가 크게 달라지는 것은 아니다. 어느 것이든, 우리가 일상적으로 느끼는 복이나 행복, 즉 '좋은 운수'라는 것과 상당히 거리가 있다는 것은 변하지 않는다. 여기에 언급된 목록들은 복은커녕, 오히려 화禍에 해당하리만큼 힘들고 어려운 상황들이라 할 수 있기 때문이다.

그러나 예수는 누구도 행복의 조건이라 여기지 않는 것을 행복으로 선포함으로써, 자신의 전도된 가치를 보여준다. 행복에 대한 예수의 이러한 선포는 기존의 체제가 지향하는 가치들을 부정하며 그것과 대면하는 새로운 가치를 드러낸다. 그러므로 예수가 제안하는 새로운 가치가 권력에 대한 예수의 이해와 맞물려있다는 것은 분명하다. 권력에 대한 예수의 상상력이 가치전도라는 결과를 초래한 것이다.

권력에 대한 예수의 상상력에 동참한 사람들은 아마도 그를 그리스도로 고백할 수 있었을 뿐 아니라, 그가 제시하는 새로운 가치를 받아들일 수 있었을 것이다. 그러므로 예수를 그리스도로 고백했지만 그의 죽음을 받아들이지 못한 베드로의 실패는, 결국 예수와 권력에 대한 상상력의 결여를 반영한다. 그리스도의 죽음은 권력에 대한 그리스도의 새로운 이해를 반영하는데 베드로는 이를 이해하지 못했기 때문이다.

죽을 수 없는 그리스도는 포기할 수 없는 권력과 같은 것이다. 그것은 권력에 대한 구태舊態를 그대로 드러내는 것이다. 권력을 포기할 수 있다는 생각은 누구나 할 수 있는 것은 아니기 때문이다. 그러나 중요한 것은 '권력을 포기하며 무엇을 지향하는가?'하는 점이다. 권력을 포기하는 것은 하나의 방법이지 목적은 아니다. 권력에 대한 예수의 새로운 가치를 이해하기 위해서는 권력을 포기하는 방법과 포기의 목적이 제대로 부합되어야 한다.

저항하는 상상력

「웰컴 투 동막골」에는 한국 영화 가운데 가장 아름다운 장면이 나온다. 영화는 '아이들처럼 막 살라'고 이름 붙인 동막골이라는 산골에 북한군과 남한군, 미군까지 함께 모여들면서 일어난 사건을 다룬다. 영화의 초반, 동막골에서 맞닥뜨린 남한군과 북한군은 주민들을 사이에 두고 대치한다. 밤새워 마주서서 노려보며 대치하던 긴장감은 시간이 흐를수록 그들을 지치고 피곤하게 만들 뿐이다. 이러한 와중에 한 병사가 들고 있던 수류탄을 놓치자 그것을 잡아 곳간에 던지는 장면이 나온다. 수류탄이 터질 것을 예상하고 산산이 부서지는 동막골의 모습을 예견한 사람들의 눈앞에 펼쳐진 광경은 참으로 신선한 것이었다.

화면을 가득 메운 것은 수류탄이 파괴한 살육의 장면이 아닌 곳간에서 튀어나온 팝콘의 윤무輪舞였기 때문이다. 감독의 뛰어난 상상력이 수류탄에서 팝콘을 꽃피운 것이다. 곳간으로 던져진 수류탄에서 죽음이 아니라 생명(먹거리)이 나올 수 있다는 발상은 상상력을 권좌로 보낸 감독의 재치를 백분 드러낸다. 그의 상상력은 영화를 보는 이들의 상상력을 자극해 죽음에서 생명을, 파괴에서 창조를 떠올리게 만든다.

영화 속 상상력의 힘과 같은 것이 예수의 이야기에도 있다. 가치를 전복하는 것은 일종의 파괴행위이다. 그러나 그는 이러한 파괴에 살육의 장면을 배제하고 싱싱한 생명의 흐름을 보여준다. 이 생명의 흐름 때문에 아마도 새로운 가치를 지향하지만 현실의 고난을 견뎌야 하는 사람들에게 행복이라는 단어를 사용할 수 있을지도 모른다.

새로운 가치를 실현하기 위해서는 기존의 가치체계에 저항해야 한다. 이러한 저항은 당연히 다툼, 폭력, 죽음을 일으키기 십상이다. 그러나 예수는 이러한 상황에서 죽음을 불러들이지 않는 방법들을 제안한다. 예수가 사랑을 강조했다는 것은 익히 알려졌다. 그러나 문제는 어떻게 이 사랑을 실천할 것인가 하는 점이다. 더욱이 불의한 체제 속에서 사랑의 실천이 체제에 순응하는 형태를 띠지 않으려면, 불의를 폭로하며 사랑을 실천하는 두 마리 토끼를 잡아야 한다.

옛 계명들을 비판하며 새로운 질서를 선포하는 예수의 이야기들은 이에 대한 실마리를 제공한다. 악한 자에 대한 대적의 문제를 다루면서 예수는 이렇게 말한다. "눈은 눈으로, 이는 이로 갚으라는 것을 너희가 들었으나 너희는 악한 자를 대적하지 말라. 누구든지 네 오른 뺨을 치거든 왼편도 돌려대며, 또 너를 고발해 속옷을 가지려는 자에게 겉옷까지도 주며, 또 누구든지 너를 억지로 오 리를 가게 하거든 그 사람과 십 리를 동행하고, 네게 구하는 자에게 주며 네게 꾸고자 하는 자에게 거절하지 말라."

'눈에는 눈, 이에는 이'는 고대사회의 복수법이다. 이에 반反하는 예수의 새로운 명령은 이러한 복수를 막는데 초점을 맞춘다. 그러므로 이 명령은 종종 '사랑'이라는 덕목과 연계되어왔지만, 여기서 사랑만을 강조하는 것은 적절하지 못하다. 중요한 것은 복수를 하지 않는 것이 아니라 어떤 행동으로 복수를 하느냐에 달렸기 때문이다. 이를 이해하기 위해서는 그 당시의 정황을 살펴볼 필요가 있다.

'오른편 뺨을 치거든 왼편도 돌려대라'라는 표현에서, 오른손잡이가 다른 이의 뺨을 때린다면 상대방은 왼쪽 뺨을 맞게 된다. 당시가 왼손잡이 사회라는 자료가 없고 오른손잡이 사회에서 왼손이 부정不淨을 의미한다는 것을 인정한다면, 오른편 뺨을 맞는 일은 오른손의 등을 쓰는 경우에나 가능하다는 것을 알 수 있다. 그런데 손등으로 상대방을 때리는 것은 폭력 보다 모욕에 가깝다.

손등으로 상대방의 오른쪽 뺨을 때리는 것은 자신보다 열등한 사람에게 하는 경고의 행위다. 그것은 강자가 약자에게 보이는 부당한 횡포를 암시한다. 이러한 횡포는 약자 스스로 강자에게 움츠리고 복종하게 만든다. 이러한 상황에서 '왼편도 돌려대라'는 예수의 명령은 그들에게 전혀 새로운 것을 요구한다. 자신을 모욕하려는 사람에게 다른 쪽 뺨을 내미는 것은 자신을 모욕하는 자에게 주눅 들지 않겠다는 뜻이며 '네가 나를 수치스럽게 할 수 없다'는 몸짓이다.

이것은 '속옷을 원하는 자에게 겉옷까지 주어라'에서도 그대로 적용된다. 이 구절은 앞에 '너를 고발해'를 첨가함으로써, 법정을 배경으로 하고 있음을 드러낸다. 빚을 지는 것이 마치 풍토병과 같던 시절에 채권자와 채무자의 관계를 상정한다면, 이것은 채무 때문에 옷을 빼앗기게 된 상황을 배경으로 한다. 아마도 채권자는 자신의 속옷을 담보로 걸었거나 속옷밖에는 줄 것이 없을 정도로 가난한 자다. 이러한 자에게 법대로 그의 속옷을 요구한다면, 그 채권자가 어떠한 자인지 짐작할 수 있다.

이러한 상황에서 예수는 그에게 겉옷까지 주라고 한다. 예수의 명령이 그려내는 상황은, 속옷을 뺏기고 겉옷까지 벗어준 채무자의 벌거벗은 모습과 남의 옷을 두 손 가득 들고 서 있는 채권자의 어정쩡한 모습을 대조시킨다. 이 대조는 채권자의 악랄함과 불의를 고스란히 보여준다. 벌거벗는 것을 금한 유대교에서 더 문제로 삼은 것은 벌거벗긴 사람과 그를 보고 있는 사람이기 때문이다. 그러므로 채권자에게 그의 옷을 모두 내주고 벌거숭이가 된 채무자는 채권자와 그에게 힘을 실어준 제도의 불의를 서슴없이 드러낸다.

'억지로 오 리를 가게 하거든 그 사람과 십 리를 동행하라'
의 경우는 로마군대를 배경으로 한다. 군인들은 자신들의 짐
을 들게 하기 위해서 식민지 사람들을 강제로 차출하고는 했
다. 이때, 로마군이 식민지의 사람들에게 강제노동을 시킬 수
있는 거리가 오 리(2km)이다. 이것을 어기면 군인들에게 징벌
을 내렸다. 그러므로 무거운 짐을 들고 가는 사람이 십 리(4km)
를 가겠다고 하면 그를 부린 자들의 불의는 더욱 명백해진다.
이것은 일종의 반항이며 로마군에게는 화가 미칠 수 있는 상
황이다. 그러므로 '그 사람과 함께' 하는 십 리는 로마의 권력
을 궁지로 몰아넣는 길이 된다.

권력에 대한 포기가 어떻게 힘없는 민중에게도 새로운 질
서를 위한 희망일 수 있을까? 포기할 것이 없는 사람에게 요
구하는 포기의 압박은 또 하나의 짐이 아닐까? 그러나 오른
뺨을 때리는 사람에게 왼뺨을 내미는 사람, 속옷을 달라는 사
람에게 겉옷까지 주는 사람, 오 리를 가자는 사람에게 십 리를
가는 사람은 그가 가진 마지막 힘을 버린 자들이다. 그들은 부
당한 요구를 하는 자들에게 자신들을 위한 요구를 하지 않는
다. 요구하는 것 이상, 줄 수 없는 것 이상을 내어줄 뿐이다.

그러나 이러한 포기는 단순한 체념이 아니라 일종의 저항
이다. 이 유쾌한 상상들은 내어주지만 꺾이지 않는 모습을 보
여주기 때문이다. '내어줌'은 권력포기의 한 전형이지만, 한편
으로 가장 강한 자기표현이라는 것을 드러낸다. 기껏해야 뺨

한 대, 보잘 것 없는 겉옷 한 벌, 고된 발 품팔이 정도지만 이 포기로 상대방의 불의가 드러나며 상대방의 위치는 흔들린다.

옛 사람들에게 들은 율법들을 뒤엎으며 새로운 계명을 요구하는 예수는 이 흔들림을 통한 새로운 질서를 지향한다. 그러므로 여기서 언급한 포기는 사랑의 순응이 아닌 기존의 질서에 반하는 또 하나의 반항이 된다.

'눈에는 눈, 이에는 이'는 폭력의 방법으로 악과 맞서지만 예수는 이러한 방법으로 악을 물리칠 수 없다는 것을 안다. 그러기에 로마는 너무 거대하며 유대의 오랜 전통을 흩뜨리는 것은 역부족이다. 뿐만 아니라 폭력은 또 다른 폭력을 낳을 수밖에 없다. 폭력으로 폭력을 꺾는 것은 상상력의 빈곤을 드러낼 뿐이다. 그것은 단지 죽음으로 죽음을 부르는 것과 같다.

이러한 상황에서 예수는 수류탄에서 팝콘을 꽃피우는 감독의 상상력을 불러일으킨다. 예수는 죽음, 파괴, 폭력으로 새로움을 이야기하지 않는다. 새로운 권력을 향한 그의 꿈은 죽음을 넘어서 생명을 살려내려는 의지가 있기 때문이다. 그는 수류탄을 던져 모든 것을 부숴버리려는 자가 아니다. 그는 수류탄을 던져 팝콘을 만들어 먹이고자 하는 자다.

상상력의 이점은 이것이다. 즉, 그것은 삶의 방식을 참으로 다양하게 만들어준다. 그것은, 동지가 아니면 적이라거나, 혹은 찬성이 아니면 반대이며, 사랑이 아니면 원수이고, 삶이 아니면 죽음이라는 것 외에는 생각할 수 없는 사람들에게, 다른 방법이 있다는 것을 알려준다.

원수가 되지 않으면서도, 피를 흘리지 않으면서도, 저항할 수 있게 하며 자신의 의지를 드러낼 수 있게 한다. 그러므로 썩는 것이 썩는 것이 아니며, 죽는 것이 죽는 것이 아니라는 오래된 역설의 이치를 늘 새롭게 현실화시켜 준다. 예수가 희망일 수 있는 이유가 상상력에 있다는 것을 부정하기 어려운 것도 이 때문이다.

공간의 파괴

촘스키Noam Chomsky는 인류사의 대부분이 권력을 넓히려는 민중의 욕구와 집중된 권력의 중심들이 무너지는 투쟁의 역사를 반영한다고 역설한다. 이러한 투쟁의 배후에서 그가 발견한 것은 리버테어리언libertarian이다. 인간의 행동이 주변 상황에 따라 결정된다는 결정론(determinism)과 반대로 리버테어리언은 인간의 행동 근원으로 인간의 자유의지를 강조한다.

운명론과 결정론이 지배하던 사회에서 끊임없이 일어난 반란과 근대라는 새로운 시대를 가져 온 힘은 바로 이 리버테어리언이라 할 수 있다. 이를 통해서 민중들은 폐쇄된 사회를 열어 제치고 자신들의 권력을 넓히기 때문이다. 그러나 이것은 결국 '만인에 대한 만인의 투쟁'이라는 끔찍한 현실을 불러오

기도 했다. 권력을 얻으려는 인간의 의지가 새로운 세상을 열기는 했지만 그만한 부작용을 동반한다.

이러한 마당에, 예수가 주장하는 권력의 포기는 인간의 모든 역사에 역행하며 은총의 역설을 일으키지 않은 채 새로운 역사를 여는 가능성을 제시한다. 불의한 질서를 폭로하며 그것에 굴하지 않는 반항은 권력이 없는 자들에게 새로운 권력을 부여하기 때문이다.

인간을 감싸고 있는 실오라기 같은 권력을 거두어내고 얻는 것은 바로 '인간'다운 권위이다. 한때 우리 사회에서 유행했던 우스개처럼, '계급장 떼고' 만나는 것이다. 황제라는 권력은 물론, 신의 존엄성까지 요구하는 권력자와 그에게 빌붙어 사는 권력구조 속에서 권력의 계급장을 떼면 단단한 피라미드는 기능을 상실한다.

권력을 제거한다면 위에서 아래까지 층층이 만든 계급이 아무 소용없다. 권력의 포기가 새로운 질서를 야기하는 것은 이 때문이다. 그것은 권력이 만들어 놓은 폐쇄된 위계질서를 허물며 철옹성 같은 수직구조를 아무짝에도 쓸모없는 것으로 만든다. 예수가 지향하는 사회는 인간이라는 공통분모로 모든 사람을 하나로 만든다.

그러므로 '그리스도 안에서 유대인과 이방인, 종과 주인, 여자와 남자는 모두 하나다'라고 한 바울은 그 누구보다도 예수를 잘 간파한 사람이다. 유대인과 이방인, 주인과 종, 남자와 여자가 지니는 수직의 위계질서가 간단한 이 하나의 문장으로 허물어진다. 유대인, 자유인, 남자라는 태생이 그들에게 부여한 유리한 고지는 신기루처럼 사라진다. 그러므로 그것을 붙잡고 살아온 사람들이 있다면 이제 새로운 줄을 찾아 나설 일이다.

새로운 줄을 찾아 나서는 일은 평등을 지향한다. 그것은 익숙한 불평등의 수직 관계를 낯설지만 의미 있는 새로운 관계로 바꾼다. 이 전향의 과정에서 전면에 드러나는 것이 바로 계급이 없는 인간이다. 인간의 소중함은 성경 전체에서 가장 중요한 주제이다. 성경은 하나님을 말하는 것 같지만 하나님의 이야기는 늘 인간의 이야기 속에서 나온다.

그러므로 하나님에 대한 객관적인 정의는 의미가 없다. 물론 성경의 어느 구절들에서 가끔씩 '하나님은 ……이다'와 같은 명제를 보기도 한다. 그러나 이러한 명제는 언제나 사람들에게 하나님의 어떤 면을 소개하려는 것이며 그 소개를 통해서 그들이 하나님을 만나게 하려는 것이다.

성경에서 가장 먼저 만나는 것도 인간창조 이야기인 까닭은 이러한 의도 가운데 하나이다. 물론 성경은 인간창조뿐만 아니라 천지창조를 말하지만, 창조 이야기의 백미가 인간창조임을 부인하기는 어렵다. 성경은 두 가지의 서로 다른 인간창조를 담고 있다. 첫 번째는 하나님의 형상과 모양으로 만든 인간에 대한 이야기이고 두 번째는 흙에서 만든 인간에 대한 이야기이다.

하나님의 형상과 모양은 일종의 수수께끼 같다. 그러나 고대의 문서들 속에는 하나님의 형상과 하나님의 모양이라는 표현들이 가끔씩 나타난다. 이것은 왕의 즉위식에 사용된 용어로 왕의 탄생이나 왕의 즉위 때 왕을 신의 존재로 높여주는 최상의 표현이었다. 그러므로 당시에 하나님의 형상과 모양이라는 표현을 듣는 사람들은 그것이 왕의 높은 신분을 찬양하는 것임을 알 수 있었을 것이다.

이러한 표현이 성경의 처음에, 인간을 창조하는 부분에 나타난 것이다. 이것은 인간에 대한 이해를 말할 수 없이 높인다. 천하의 권력을 왕이라는 한 인물이 쥐던 시절에, 왕이 받을 수 있는 최고의 찬사를 모든 인간에게 넘겨주고 있기 때문이다. 권력에 대한 상상력의 확대가 이 이상으로 발전할 수 있을까!

성경의 첫 쪽은 한 인간이 가질 수 있는 최상의 권력을 모든 인간에게 나누어줌으로써 '인간'이라는 것 말고는 다른 어떤 것으로도 인간을 바라보지 못하도록 한다. 하나님의 인간 창조는 상상력을 권좌로 보낸 최고의 산물이라 할 만하다. 모든 인간의 존엄성을 이처럼 극대화한 성경은 두 번째 창조 이야기를 이어간다.

그것은 하나님의 형상과 모양을 지닌 인간이지만 그 인간의 근원이 어떠한지를 분명히 드러낸다. 인간의 근원은 흙이다. 흙으로 만든 인간은 태생의 별 볼일 없음을 적나라하게 드러낸다. 그러나 문제는 그 별 볼일 없는 흙덩이에 생명의 기운을 불어넣는 이가 있다는 것이다.

인간이 존엄하고 위대하다면 그 위대성은 인간에게서 나오지 않는다. 그 위대성은 그 안에 하나님의 형상과 모양을 넣은 그 분에게서 나온다. 흙덩이 안에 생명의 기운을 넣어 그를 살아 움직이게 한 그 분 말이다. 그가 아니면, 인간은 그냥 흙덩이일 뿐이다. 인간은 그렇듯 연약하고 비참한 존재다.

하나님의 형상과 모양, 그리고 흙은 인간을 보여주는 두 개의 상징이다. 그러나 문제는, 인간의 권력구조가 이 상징을 끊임없이 분리한다는 사실이다. 이 분리는 어떤 이에게는 하나님의 형상과 모양의 상징을, 또 다른 이에게는 흙의 상징을 선사한다. 인간이 마음대로 떼어놓은 이 상징들 때문에 구조의 불합리가 합법화되며 태생의 불평등이 정당화된다.

그러나 성경은 이 현상들을 뒤집으며 인간에 대한 상상 속으로 안내한다. 이 상상을 통해서, 인간은 모두 존엄하지만 연약하기 이를 데 없다고 천명한다. 그리고 인간의 존엄성과 연약함은 동전의 양면처럼 하나임을 강조한다. 그러므로 인간창조 이야기를 시작으로 성경은 권력에 사로잡힌 사람의 실패와 권력에 집착하는 사람에 대한 경고로 넘쳐난다. 그리고 이러한 경고는 성경에서 요구하는 신앙의 본질이 무엇인지를 드러낸다.

구약성경의 바탕이 되는 야훼 신앙은 이를 뚜렷이 보여준다. 아브라함이 친척과 본토 아비의 집을 떠날 때, 그는 모든 것을 버렸다. 이스라엘의 첫 번째 족장인 아브라함의 이러한 시작은 상상력을 권좌로 보내는 행위이다. 그가 누리던 모든 권력은 자신이 속한 장소를 떠나서는 주장할 수 없는 것이기 때문이다. 그는 자신의 권력을 포기하고 하나님의 새로운 인도에 자신을 맡겼다. 그래서 그는 이스라엘 역사의 첫 장을 연 것이다.

아브라함에게서 시작한 이스라엘의 역사는 출애굽을 통해 정점에 이른다. 이집트의 지배로 억압받던 온갖 잡족雜族들이 이집트를 빠져나온 사건인 출애굽은 해방의 순간이자, 이집트라는 보호막을 벗어난 위기의 순간이다. 광야로 나온 백성들이 때마다 이집트를 그리워하는 것은 이러한 모습을 잘 드러내준다. 불평등과 불합리를 부르짖으면서도 권력을 벗어날 수 없는 것은 권력의 이중성 때문이다. 불의한 권력이라도 그것은 권력 아래 있는 자들을 안주시키는 속성이 있다.

그러므로 출애굽의 의미는 억압에서 벗어나는 것일 뿐 아니라 권력의 달콤함이 손짓하는 안주와 안락을 벗어나게 한다는 것이다. 이는, 해방과 자유에는 언제나 고난이 동반한다는 사실을 잊지 않게 한다. 이 고난은 권력에서 벗어나는 것에 따른 대가지만, 이러한 대가를 치름으로서 가나안이라는 새로운 질서에 들어갈 수 있는 것이다.

그러므로 이스라엘 신앙은 항상 정처 없는 떠돌이로 시작한 이스라엘의 처음을 잊지 않도록 독려한다. 나라가 모양을 갖추고 힘 있는 왕이 생겨서 백성들을 치리할 때, 왕과 백성들을 질책하는 예언자들이 돌아가고자 한 곳이 떠돌이 시절의 이스라엘이라는 것은 이를 드러낸다.

그들이 돌아가고자 한 처음은 아마도 아브라함에서 시작해 출애굽이라는 줄기를 이룬 이스라엘의 나그네 길일 것이다. 뿌리 없는 이주민의 삶은 권력에서 가장 멀리 떨어져 있기 때문이다. 사면이 위험으로 뒤덮인 그곳에 권력의 포기가 있으며 그곳에서 야훼 하나님의 도움을 경험할 수 있다. 권력의 유지와 확장을 위해서 고착성이 기본을 이룬다면, 이스라엘의 긴 떠돌이 과정이 이스라엘 신앙의 근간이 되는 것은 당연하다.

장소가 없다는 것은 그에 해당하는 권력에서 자유로움을 뜻한다. 집을 떠난 아브라함이나 정처 없이 떠돌던 이스라엘 백성처럼, 예수도 그렇게 떠돌며 자신의 권력을 놓는다. 그러므로 예수는 머리 둘 곳이 없다는 것으로 자신의 처지를 표현하며, 신약성경은 그리스도인들을 나그네로 정의한다.

나그네는 세상에 뿌리내릴 수 없는, 세상에서 권력을 유지할 수 없는 그리스도인의 정체성을 잘 드러낸다. 이것은 물론 세상을 부정하는 것은 아니다. 그러나 세상과 거리를 둠으로써 세상에 있지만 세상에 속하지 않는, 세상에서 살지만 세상의 질서를 따르지 않는, 세상을 바꾸지만 세상의 권력을 탐하지 않는 모습을 지닌다.

세상에 있으면서 또한 세상과 다른 것을 지향하는 일은 상상력을 통해서만 가능하다. '거주하는 이방인'으로서 이러한 정체성은 새로운 것을 만들기 위해서 낡은 것을 버려야 한다는 예수의 상상력에 기인한다. 예수가 버리고 싶은 그 낡은 것이 다름 아닌 권력에 대한 전통적 이해라는 것은 두말할 필요가 없다.

또한 예수가 찾고자하는 새로운 권력의 핵심에 무엇이 놓일지도 분명하다. 그것은 이것저것 덧입히지 않은 본래의 인간이다. 흙으로 만들어졌지만 그 안에 제 각각 하나님의 형상과 모양을 담는 그 인간이다. 예수가 많은 적대자들과 싸우고 전통을 파괴하며 많은 권력을 주저앉히며 뚫고 들어가려 한 바로 그 인간이다.

예수는 권력의 포기와 인간의 발견을 떨어뜨릴 수 없는 관계로 파악하고 인간이 쓴 가면을 벗겨낸다. 권력은 인간을 지탱하는 허구요소이다. 권력이라는 비본질의 요소가 인간의 본질이라고 생각할 때, 인간은 본래 모습을 찾을 수 없다. 권력의 옷을 입고 있는 한, 그들이 대면하는 것은 인간이 아닌 권력이다. 그리고 그 권력은 인간 자신을 규정한다. 그 권력을 벗어난 인간은 생각하기 힘들 것이다.

권력은 인간의 상상력을 제한하며 인간의 내면으로 들어가려는 시도에 저항한다. 그러나 권력으로 무장된 자들과 마찬가지로, 자신을 보호할 어떠한 권력도 갖지 못한 자들이 권력의 비무장지대에서 드러내는 것 역시 자신의 내면이다.

영화 「올드 보이」는 이러한 측면을 잘 드러낸다. 너와 나를 묻는 이 영화의 처음과 끝을 장식하는 구절은 "아무리 짐승보다 못한 인간이라도 살 권리가 있는 것이 아닌가요?"이다. 영화는 스스로 삶을 포기할 만큼 보잘것없어도, 과거가 허섭스레기 같다 해도, 인간이라면 허용 못할 천륜을 어겼어도 보호

받아야 할 인간의 존재에 대해 말하고 있다.

이를 바탕으로 박찬욱 감독의 복수 3부작은, 인간이 인간을 정죄하거나 인간의 권리를 누군가가 임의로 좌지우지 할 수 없음을 보여준다. 복수가 모든 이들에게 파멸의 원인으로 작용하는 것은 이 때문이다. 그것은 보호받아야 할 누군가의 권리를 필연적으로 파괴한다.

시간의 발견

오랜 방황의 시간을 보내고 비로소 하나님에게 돌아온 아우구스티누스Augustinus는 『고백록』이라는 책 속에 자신의 이야기를 남겼다. 하나님을 만나기 전에 있던 그의 삶의 모습과 어머니의 간절한 기도로 마음을 돌린 이야기들은 많은 사람들의 기억 속에 남아 있다. 그러나 『고백록』은 단순한 신앙 간증서는 아니다. 그 책에서 아우구스티누스는 시간에 대한 신학적 성찰을 보여준다. 시간 속에서 하나님이 어떤 의미를 지니는지, 하나님과 함께하는 인간이 어떤 의미인지 보여준다.

오랜 방황에서 돌아온 아우구스티누스는 자신이 만난 하나님을, "그토록 오래된 새로운 아름다움이신 하나님이여!"라고 표현한다. 아우구스티누스는 오래됨과 새로움이라는 상반된 시간의 개념을 하나님 안에 하나로 모음으로써, 하나님 안에 있는 삶의 모델을 제시하고 있다.

아우구스티누스는 "시간이란 도대체 무엇인가!"라고 반문하며 다음과 같이 말했다. "만일 아무도 내게 묻지 않는다면 나는 시간이 무엇인지 알고 있다. 그러나 물어오는 사람에게 설명하려고 하면 나는 시간이 무엇인지 모르게 된다." 질문으로 만들지 않는다면 시간은 우리를 괴롭히지 않는다. 시간은 일종의 당위當爲이기 때문이다. 그러나 '시간이란 무엇인가?'와 같은 질문을 제기하면 그것은 고장 난 청소기처럼 자신의 존재를 드러내며 문제를 일으킨다. 시간을 설명할 길이 그리 쉽지 않기 때문이다.

말로 적당한 설명을 찾아낼 수 없다면 달리Salvador Dali의 유명한 그림을 보자. 「기억의 지속」이라는 제목이 붙은 그림에는 녹아내리는 세 개의 시계가 등장한다. 여기저기 흩어져 녹아내리는 기괴한 형체의 시계가 보여주는 것은 쓸모없어진 시계가 아닌 파괴되고 있는 시간이다. 시간은 어떻게 파괴되는

달리의 「기억의 지속」.

가? 시간의 파괴는 어쩌면 시간의 속성을 드러낸다. 현실이 된 시간은 현재를 지나 과거 속으로 흘러들면서 사라진다. 서서히 녹아내리며 그 끝을 예상할 수 있는 달리의 시계처럼 시간은 시간과 더불어 자신의 형체를 잃는 것이다.

달리의 그림만이 이렇듯 허무한 시간을 드러내는 것은 아니다. 시간에 대한 그리스 신화는 동서고금을 막론하고 시간을 두려워하는 사람들의 단면을 보여준다. 시간을 나타내는 몇 개의 그리스어가 있다. 그 가운데 하나가 크로노스chronos다. 크로노스로 표현된 시간은 보통의 시간을 가리킨다.

크로노스는 '시간의 냉혹한 아버지'라고 부르는 크로노스 신과 동일시된다. 그리스 신화에서 우라노스와 가이아의 아들인 크로노스는 누이인 레아와 결혼한다. 그러나 그는 지배권을 가질 수 있는 후계자에 대한 두려움으로 태어나는 자식들을 삼켜버린다. 크로노스의 자식들 가운데 레아가 살려낸 막내인 제우스만 목숨을 부지한다. 장성한 제우스는 크로노스를 제압하고 올림포스에서 인간의 운명을 다스리게 된다.

크로노스 신화에는 모든 것을 집어삼키면서 다가오는 시간에 대한 두려움과, 시간에 집어삼킴을 당하는 인간의 무력함이 담겨 있다. 크로노스의 권력 앞에서 인간은 허무하게 무너져 내린다. 시간에 대한 이러한 두려움 때문에 수많은 권력자들은 시간을 잡으려 했다.

자신의 이름을 달(月)의 이름에 넣는 것부터 시작해서 태양력의 변화를 무마하는 작업에 이르기까지 다양한 방법으로 권력과 시간의 상관관계를 드러낸다. 그러나 시간을 잡을 수 있는 권력자들은 없었다. 크로노스의 이러한 잔인성은 모든 이들에게 적용되기 때문이다. 시간의 이러한 예외 없는 특성을 균질성이라 부를 수 있다.

시간은 어디에도 없다. 그것은 눈에 보이지도 잡히지도 않은 채 사라진다. 그러나 그것은 모든 경험의 주관 형식 또는 기초를 이룬다. 모든 경험의 근간을 이루는 이러한 시간은 모든 이에게 동일하다는 점에서 보편성을 지닌다. 뉴턴Isaac Newton과 더불어 삶의 터전을 이루는 시간의 이러한 균질성에 대해서 확고한 믿음을 갖던 사람은 칸트Immanuel Kant이며, 이 믿음 위에 소위 근대 사고라고 하는 것이 싹트기 시작했다.

그러나 시간에 대한 이러한 사고는 줄곧 위험에 직면했고, 그것의 다른 형태와 의미를 찾으려는 시도들도 끊임없이 일어났다. 칸트와 뉴턴의 논리에 대항한 사람은 아인슈타인Alfred Einstein이다. 그의 복잡한 상대성 이론을 장황하게 설명할 필요는 없지만, 아인슈타인의 상대성이론이 시간의 균질성을 파괴했다는 것은 분명하다. 그의 이론은 공간이 달라지면 시간의 절대성은 파괴된다는 것이다.

물론 같은 공간에서 시간의 균질성은 절대인 채로 남지만, 공간이 변하면 시간도 변하며, 시간은 사라질 때조차 모든 상황에서 모든 이들에게 동일하지 않다. 그러므로 시간에 대한 단일한 이해, 즉 크로노스 하나만으로 설명되는 이해는 일종의 허구이다. 결국 시간의 허구성은 객관적으로 일반화한 시간이 아닌 개인 시간의 현실성을 요구하며 시간을 비균질적, 유동적, 가역적으로 이해하게 만들었다.

이러한 강조를 아인슈타인만 한 것은 아니다. 시간을 나타내는 몇 개의 그리스어 가운데 크로노스와 달리, 카이로스 kairos라는 단어의 시간이 있다. 카이로스는 '적절한 순간, 기회, 올바른 척도' 등을 뜻한다. 적합한 순간을 나타내는 그리스의 신 카이로스는 발이나 어깨에 날개를 달고 있는 모습으로 묘사된다.

또 다른 단어인 호라hora는 하루의 때를 나타낸다. 호라의 복수인 호라이horai는 계절의 변화를 담당하는 신의 이름으로 사용된다. 그리스 신화에서 호라이가 언제나 곡물과 수확과 관계된 신들과 함께 등장하는 것은 이 때문이다. 호라이는 인간에게 생명을 불어넣음으로써, 다른 세계에서 온 신적인 전령의 역할을 한다.

호라이로 표현된 시간은 인간에게 마치 천사와 같은 역할을 한다. 호라는 인간을 치료하고 회복하는 시간의 모습을 담고 있다. 호라에서 나온 호라이오스horaios라는 형용사는 아름답다는 의미인 칼로스kalos와 동일하게 쓰인다. 카이로스로 표현한 시간도 마찬가지이다.

이러한 시간 이해는 누구에게도 잡히지 않는 잔인한 시간인 크로노스와는 다르다. 녹아내리는 달리의 시계와 자식을 잡아먹는 크로노스의 모습은 시간의 허구성과 허무성을 드러내며 인간이 시간을 잡을 수 없다는 것을 알려주지만, 카이로스와 호라의 시간은 인간에게 다가오며, 또한 인간에게 손을 내미는 시간의 다른 얼굴이기 때문이다. 이러한 시간은 인간이 잡을 수 있는 것 너머에서 인간에게 다가오는 선물과 같은 것이다.

그러므로 카이로스에서 기회(occasion)라는 단어가 나온 것처럼, 적절한 때를 파악하는 것이 중요하다. 적절한 순간이나 기회를 잡으면 잔인한 시간은 언제든지 천사처럼 아름다운 사랑의 시간으로 변할 수 있다. 시간은 늘 잔인하거나 늘 천사 같지는 않기 때문이다. 아마도 본질적인 잔인성에도 불구하고, 시간은 언제나 그것을 아름다운 것으로 만들 수 있으며 언제나 변할 수 있다. 이를 통해서, 역동성을 지닌 하나님의 시간과 만나는 것이다.

'그토록 오래된 새로운 아름다움이신 하나님'의 절묘함에 묻어나는 것도 이것이다. 이 표현은 오래되고 일반적인 균질한 시간의 절대성과 역동성을 지닌 비균질적인 새로운 시간의 상대성을 조화시킨다. 이것은 객관성과 주관성, 공공의 현실과 개인의 현실을 하나로 연결한다. 그러므로 이 연결을 통해서 시간의 균질성은 무너지고 그것의 불가역성은 사라진다.

오래된 시간은 뻔하고 진부하며 지루하고 잔인하다. 그것은 언제나 눈을 뜨면 있는 시간이다. 어쩌면 그것은 뉴턴과 칸트의 시간이다. 변하지 않고 완강하게 인간의 삶에 버티고 서 있는 두려움이다. 그러나 어느 순간 그것은 새로운 처음으로 경험한 낯선 시간이 된다. 더는 오래되지 않은, 지루하지 않은,

잔인하지 않은 얼굴을 하고 있다. 그것의 이름은 아름다움이다. 이 새로운 아름다움 속에서 아우구스티누스는 하나님을 발견한다고 고백한다.

잡을 수 없는 것을 잡으려고 하면서 인간의 비극이 시작된다면, 시간에 대한 새로운 이해, 즉 잡을 수 없는 시간에 대한 인식은 인간이 비극을 벗어나는 지름길이기도 하다. 이것은 '왜 시간인가?'라는 질문과도 상통한다. 기독교의 특징은 분명히 시간에 있다. 시간과 공간이 인간의 삶과 사고의 근거를 이루는 것이라면 기독교는 공간을 포기한다. 기독교는 공간의 종교가 아니라 시간의 종교이다.

공간은 늘 권력을 만들어낸다. 역사 속에 드리워진 전쟁과 침략의 역사는 땅, 즉 공간을 차지하기 위한 것이었다. 유대교에 대한 예수의 공격이 성전을 향하고 있는 것도 이와 연관되어 있다. 이스라엘 신앙의 중심이 되는 성전은 이스라엘 권력의 본산지이다. 이스라엘의 모든 위계질서는 성전을 중심으로 형성된다. 제사장들이 하스몬 왕조에서 일어난 권력투쟁에서 벗어나지 못한 것도, 성전의 권력이 이스라엘의 권력과 따로 가지 않기 때문이다.

성전 자체가 이미 하나의 권력을 이루지만, 성전 안의 공간의 구분도 이스라엘의 권력을 반영하고 있다는 것은 재미있는 일이다. 성전의 가장 은밀한 곳부터 성전의 뜰에 이르기까지 각각 사람들이 출입할 수 있는 범위는 정해져 있기 때문이다. 이러한 상황에서 예수는 강도의 굴혈과 같은 성전을 비난하며 하나님의 기도하는 집으로서 성전의 기능을 강조한다. 성전에 대한 공격은 성전의 공간을 중심으로 형성한 권력에 대한 비난이다.

이로써 기독교는 성전을 중심으로 한 유대교의 공간적 특성을 벗어난다. 공간을 벗어난 예수의 강조점은 시간에 놓인다. 예수는 하나님의 '때', 즉 카이로스를 강조하며 새로운 시대를 선포한다. 하나님의 통치를 의미하는 하나님의 나라는 결국 새로운 시간에 대한 기대인 것이다. 새로운 시간의 선포는 시간의 균질성과 권력의 고정성을 파괴한다. 그것은 잡을 수 없는 시간의 특성을 드러내며 시간과 권력의 연관성을 파기하기 때문이다. 그러므로 같은 시간을 경험하는 것의 지루함과 잔인함을 넘어서는 카이로스나 호라는 크로노스가 지배하는 것과는 다른 새로운 세상을 열어 보인다.

아우구스티누스와 마찬가지로 예수가 발견한 것도 시간의 비밀이다. 그의 죽음은 시간에 대한 이해와 연결되어 있다. 새로운 시간의 경험이 예수에게는 삶 속에서 겪는 죽음의 형태로 드러나기 때문이다. 예수는 죽음을 생을 마감하는 한 순간의 사건으로 치부하지 않고 삶 속에 죽음을 앞당김으로써 삶에 새로운 의미를 부여하기 때문이다.

"삶은 아직 오지 않은 죽음"이라고 정의한 젊은 날의 릴케 Rainer Maria Rilke처럼, 예수는 죽음과 생명을 연결함으로써 시간의 균질성에 도전하며 삶에 새로운 활력을 불어 넣는다. 죽음이라는 부정의 도구로 크로노스의 잔인함을 벗어날 수 있는 것은 일종의 모순이다.

그러나 예수의 죽음은 카이로스를 불러들이는 도구이다. 삶 속에 죽음의 의미를 새겨 넣어 오늘을 삶의 마지막으로 만드는 것이 예수의 카이로스이기 때문이다. 삶의 한가운데 불러들인 죽음이라는 최후통첩은 삶의 가치를 뒤집는 기능을 한다. 그것은 삶의 연속성과 시간의 균질성을 뚫고 새로운 아름다움을 향한 방향전환을 시도하게 만들기 때문이다. 새로운 질서를 꿈꾸며 권력에 대한 새로운 이해를 실현하던 예수는 새로운 시간을 출발점으로 삼는다.

예수와 그리스도의 만남으로 새로운 질서가 만들어지는 것처럼 크로노스와 카이로스의 만남으로 새로운 세계가 생성된다. 카이로스와 크로노스를 합한 정점에 예수의 죽음이 있다. 그의 죽음은 새로운 생명의 빛을 만들어내기 때문이다. 겨자씨 비유처럼 그것은 썩음에서 나오는 생명이다. 예수의 상상력은 잔인한 크로노스의 권력에서 벗어나면서 새로운 질서를 만들었다. 시간의 잔인함을 무너뜨린 예수의 방법이 죽음 속으로 걸어 들어가는 것이었다면 그것은 권력의 포기라는 예수의 길을 그대로 보여준다.

무력한 예수

권력을 파괴하고 새로운 질서를 창조하려는 예수의 길이 그리 순탄하지 않을 것은 뻔하다. 그것은 큰 흐름을 거스르는 일이기 때문이다. 예수는 자신의 꿈을 드러내기 위해서 자신의 삶을 모범으로 제시한다. 신약성경은 예수에게 하나님의 아들이나 그리스도, 주와 같은 칭호를 붙일 뿐 아니라 그에 맞는 능력도 부여한다. 예수는 병든 자를 고치고 광풍을 진압하며 보리떡 다섯 개와 물고기 두 마리로 오천 명을 먹이고도 남긴 자이다. 죽은 나사로를 다시 살리기도 한다.

그러나 이처럼 대단한 예수의 능력은 예수 자신을 위해서 쓰이지 않는다. 베드로가 이해하지 못한 것이 바로 이 점이다. 엑수시아로 표현할 수 있는 예수의 권력은 오로지 다른 이들을 위해서만 쓰인다. 많은 권세에도 예수 스스로 낮아짐을 강조했을 뿐 아니라 낮은 자로서 사는 삶을 마다하지 않은 것은 이 때문이다.

그는 자신의 권력을 세상의 질서에 끼워 넣으려고 하지 않았다. 이것은 그가 세상과 어긋난 가장 큰 원인 가운데 하나이다. 그가 자신의 권력을 유대 질서나 로마 질서에 끼워 넣었다면 그는 유대와 로마라는 이중의 적들에게 시달리고 고난당하지 않았을지 모른다. 그러나 하나님의 통치를 선포하며 세상의 통치에 대립한 예수는 자신이 왕이 되는 것은 세상의 질서와 다른 것임을 분명히 말한다.

예수는 자신이 왕임을 부인하지 않지만 그것에 새로운 의미를 주어 새로운 질서를 만들어낸다. 예수가 지향하는 것은 왕 같지 않은 왕이며 하나님의 아들 같지 않은 하나님의 아들이다. 예수는 하나님의 사람에 대한 모든 선입견과 권력에 대한 기존의 이해를 뒤엎고 우리의 이해를 넘어서 새로운 이상을 창출하려고 했다.

그는 자신을 위해서 권세를 주장하지 않고 자신에게 속한 사람들을 자신의 마음대로 내세우지 않는다. 이러한 형태의 권세는 고대사회를 떠받친 수직의 위계질서를 흔들며 그들에게 익숙하지 않은 질서 속으로 사람들을 인도한다.

예수의 이러한 모습을 상징하는 것이 바로 '나눔'이라는 덕목이다. 나눔은 당시 상황으로 비추어보면 매우 새롭다. 예수의 나눔은 자신의 것을 다른 이들에게 주지만 그것을 받은 이에게 그에 상응하는 어떤 대가를 요구하거나 기대하지 않기 때문이다. 그러므로 나눔은 기존 질서를 뒤흔드는 중요한 기제이다. 초대교회의 특징은 내 것과 네 것의 구별 없이 서로 물건을 나누어 쓰는 것이었다. 종종 원시공산사회라고 부르는 형태이다. 나눔이라는 덕목이 이렇듯 초대교회를 기존의 다른 공동체와 구별하는 특별한 역할을 하는 것은 이것이 만들어내는 새로운 질서 때문이다.

후원자 제도를 바탕으로 한 피라미드 구조에서 나눔 혹은 베풂은 돌려받음을 전제로 한다. 후원자는 피후원자의 삶을 책임지는 대신 피후원자는 후원자에게 충성해야 한다. 후원자가 베풀었는데도 그 은혜와 보호를 받은 자가 그에 상응하는 행동을 하지 못하면 그것을 배신 또는 불충不忠이라고 한다. 그러므로 당시 사회의 근간인 피라미드 구조는 이렇듯 은혜의 베풂과 보은의 충성으로 유지된다. 그러나 예수가 강조하는 나눔은 대가로 따라오는 충성을 배제한다.

어느 날 한 젊은 청년이 예수에게 와서 영생을 얻는 방법을 물었다. 율법으로 흠이 없다는 그에게 예수가 요구한 것은 갖고 있는 재산을 팔아 가난한 자에게 주라는 것이었다. 재물을 많이 가진 청년은 근심하며 돌아갔다. 그는 재산을 팔아 그것을 가난한 자에게 나누어주지 못했다.

나눔을 실천하지 못한 청년은 교회 공동체의 구성원이 될 수 없을 뿐 아니라 그가 그토록 원한 영생도 얻지 못할 것이다. 자신과 상관없는 가난한 자들에게 자신의 모든 것을 털어

주라는 요구는 지나칠 정도로 무거운 것이다. 그러나 예수는 이러한 방법이 아니면 고정된 그 사회의 질서를 뒤엎지 못할 것이라는 점을 알았다.

예수를 따르던 제자들은 가끔 자신들의 처지가 어떤지 예수에게 항변한다. 그들은 자신들이 가진 모든 것을 버리고 나온 자들이다. 쥐꼬리만 한 것일지 몰라도 그들은 자신의 모든 재물을 버렸고 사랑하는 가족들을 떠나 예수를 따랐다. 그러나 그들의 현실은 녹록하지 않았다. 그럼에도 예수는, 버렸지만 얻을 수 없는 그들의 삶을 정상으로 받아들이라고 한다. 그들에 대한 보상은 이곳에서 이루어지지 않을 것이기 때문이다. 보상은 미래에 이 땅이 아닌 저 하늘에서 받을 수 있는 것이다. 이러한 희망과 위로는 아마도 이 땅에서 보상에 대한 기대를 단념하라는 표현일 것이다.

A만큼 했으니 B만큼은 돌려줘야 한다는 믿음은 결코 이 땅의 질서를 바꿀 수 없으며, 이 땅의 질서를 바꿀 수 없다면 그것은 예수의 의도가 아니다. 제자들은 모든 것을 버렸지만 보상에 대한 기대 없이 계속해서 예수를 따를 뿐이다. 그렇게 대책 없는 사람들이 모여서 만든 것이 바로 자신이 가진 것을 모두 내놓고 서로 모자란 상태를 채워주던 초대교회다. 예수를 따르는 자들의 이러한 모습은 성경에서 강조하는 사랑의 성격과 일맥상통한다. 우리말로는 모두 같은 단어 '사랑'으로 번역하지만, 그리스어에는 사랑을 뜻하는 다른 단어들이 있다.

에로스eros는 성적 의미의 사랑을 뜻한다고 알려져 있다. 그러나 이 단어의 본래 의미는 단지 성에 국한되지 않는다. 에로스는 눈에 보이는 것을 사랑하는 것을 뜻한다. 눈에 보이는 것에 이끌리는 사랑인 에로스는 사랑받는 대상의 가치나 매력을 일깨우고 추구하는 사랑이다.

필리아philia라는 사랑은 가끔 우정으로 번역된다. 이 단어는 후원자 제도라는 사회 구조 속에서 사랑의 의미를 드러낸다. 후원자제도에서 피후원자는 때로는 친구라는 의미로 쓰인다. 피후원자를 친구로 부르는 것은 후원자-피후원자의 관계가 단순히 강자와 약자의 관계가 아닌 우정의 관계로 설명될 수 있음을 나타내는 것이기도 하다. 이때, 필리아는 믿음을 바탕으로 한 사랑의 관계를 뜻한다. 아마도 우리 정서로는 의리라는 말로 이해할 수도 있을 듯하다.

사랑에 대한 마지막 단어로 기독교의 관습을 반영하는 아가페agape가 있다. 1세기에 사용한 어휘는 에로스와 필리아인 반면, 성경에서 강조하는 사랑은 아가페이다. 아가페는 무조건 주는 사랑으로 알려져 있는데, 이는 아가페가 사랑받을 만한 자격이 없는 자에 대한 사랑을 뜻하기 때문이다. 그리스도인들은 이 단어에 다른 방식으로는 전혀 사랑받을 수 없는 사람에 대한 사랑의 의미를 담았다.

아가페와 필리아의 가장 큰 차이는 아가페에는 배반 혹은 배신이라는 개념이 없다는 것이다. 아가페는 애초에 돌아올 것을 기대하지 않기 때문이다. 사랑받을 자격이 없는 자에 대한 사랑은 보상을 포기하기 때문에 상호성을 바탕으로 하지 않는다.

그러나 필리아의 경우 은혜를 베푼 만큼 그에 상응하는 신뢰를 드러냄으로써 서로 우정을 형성할 수 있기 때문에 합당한 돌려짐이 없을 때 배반이 일어나며 상호성에 이상이 생긴다. 당시의 사회구조에서 나눔이 필리아를 바탕으로 한 것이었다면, 초대교회의 모습에 드러난 나눔은 아가페의 실천이라 할 만하다. 예수의 나눔이 이렇듯 아가페와 맥이 닿아있기 때문에 그것은 일상적이지만 매우 낯선 형태인 것이 분명하다.

'너는 나를 누구라 하느냐?'라는 질문의 답을 죽음과 연결하는 예수에게 있어서 죽음은 나눔의 가장 정점에 있다. 예수는 그의 능력을 나누는 것을 넘어서 자신의 생명을 내놓는다. 그러므로 나눔을 지향하는 그의 삶은 곧 죽음을 향하는 길이 된다. 그는 죽기 위해서 예루살렘으로 향하며 그곳에서 일어날 죽음을 예비한다. 죽을 작정을 한 그의 삶은 단순한 포기가 아니다. 그는 생명을 내놓지만 버리지는 않기 때문이다. 그는 당당하게 죽음에 직면하며 죽음을 자신의 삶의 방식으로 만들어낸다.

프랑스의 작가 라신Racine은 '인간의 슬픈 운명! 인간은 어릴 때보다 무덤으로 갈 때 더욱 허약하고 어린애 같구나'라는 문장을 남겼다. 그의 글은 죽음을 앞둔 인간의 나약함을 드러내며 우리의 공감을 이끌어내기에 손색이 없지만 예수의 경우에는 그리 맞아 떨어지지 않는다. 예수는 죽음 앞에서 어린아이처럼 굴지 않는다. 오히려 무장한 군사처럼 용감하게 죽음으로 나아간다.

죽으러 가면서도 그는 자신을 흩뜨리지 않으며 자신이 하고자 하는 일을 한다. 그의 위험한 행보를 감지한 사람들이 말려도 예수는 오히려 그들을 무색하게 만들 뿐이다. 죽음을 향해 돌진하는 예수의 모습은 죽음에 대한 그의 분명한 목적을 드러내며 그의 죽음과 그의 삶이 하나임을 보여준다.

이로써 예수는 많은 사람들을 위한 대속물이 된다. 대속물이란 제사 때 사용하는 희생 제물이다. 제물의 희생으로 제사에 참여한 자들은 회복된다. 그러므로 예수가 자신을 희생 제물로 칭한 것은 그의 나눔이 다른 이의 생명으로 재생한다는 것을 보여준다. 자신의 생명을 내어줌으로써 다른 이들을 살리는 이러한 이치는 한 알의 밀알에 비유되기도 한다. 한 알의 밀알이 땅에 떨어져 썩지 않으면 열매를 맺지 못하지만 썩으면 많은 열매를 맺는다는 것이 생명의 진리이다.

예수는 썩는 밀알처럼 자신을 내어준다. 그 내어줌으로 죽음을 통한 삶이라는 새로운 대안을 보여준다. 그러므로 갈릴리에서 예루살렘으로 진행되는 예수의 행로는 죽음으로 가는 길이라 할 수 있다. 예수는 예루살렘에서 무슨 일이 일어날지 알지만 일어날 그 일 때문에 군이 예루살렘으로 간다. 예수의 죽음이 어떻게 권력의 포기와 맞닿아있는 지를, 아주 초기부터 사용한 것으로 추정되는 한 찬가는 다음과 같이 노래한다.

그는 근본 하나님의 본체시나

하나님과 동등됨을 취할 것으로 여기지 아니하시고
오히려 자기를 비워 종의 형체를 가지사
사람들과 같이 되셨고
사람의 모양으로 나타나사 자기를 낮추시고
죽기까지 복종하셨으니
곧 십자가에 죽으심이라

찬가는 예수가 하나님과 같은 자라고 말한다. 하나님과 같다는 것, 그것은 예수의 권세를 그대로 드러낸다. 그러나 예수는 하나님과 같아짐을 포기하고 인간이 되었다. 그는 땅으로 내려와서도 죽음을 통해 땅 아래까지 낮아졌다.

찬가에 그린 예수의 모습은 예수의 낮아짐의 단계를 보여 준다. 하나님이 인간이 되었고, 그 인간이 다른 이들을 위해서 죽었다는 것이다. 찬가는 하늘에서 시작해 땅 아래까지 이어지는 수직 하향선을 눈앞에 선명히 펼쳐 보임으로써 예수의 지향점이 무엇이었는지를 적나라하게 드러낸다. 이 선명함 속에서 찬가의 하향선이 포착하는 것은 예수가 보여준 권력의 포기이다.

하나님이 인간이 되는 것은 모든 권력을 포기하는 것이다. 예수는 하늘에서 쫓겨나거나 자신의 권력을 박탈당한 것이 아니라 스스로 자신의 위치를 버린 것이기 때문에 그것을 표현하기에 포기만큼 적당한 단어는 없다. 찬가는 이것을 비움이라는 단어로 말하기도 한다. 그러므로 예수가 이 땅에 온 것은 예수의 말씀과 행위에 드러난 권력 포기의 명백한 모습이다. 이미 처음부터 예수의 삶은 이러한 포기를 드러냈으며 이 포기는 죽음으로 완성된다. 이 포기의 지점에서 예수와 그리스도가 이어진다.

'인간에게 죽는 법을 가르쳐주는 사람이야말로 인간에게 사는 방법도 가르쳐 준다'라는 몽테뉴Michel Eyquem de Montaigne 의 말은 옳다. 예수는 삶 속에서 죽음을 실현하고 죽음 속에서 생명을 꽃피움으로써 죽는 방법과 더불어 사는 방법을 가르쳐 준다. 그의 죽음은 생명을 얻기 위해서 자기를 버리는 과정이다. 다른 이의 생명을 얻기 위해서 온갖 능력을 드러낸 예수는 자신의 생명을 얻기 위해서는 어떤 노력도 하지 않았다. 그는 무력하게 잡히고 무력하게 십자가를 진다.

그러나 예수의 이러한 무력은 예수가 생명을 얻는 방법이 어떠한 것인지를 분명하게 보여준다. 예수는 제자들과 마지막 식사를 하고 기도하러 올라간 겟세마네에서 무장한 적들에게 잡힌다. 예수를 잡으려는 무리들은 요란한 무기를 들고 예수에게 왔다. 예수는 그들이 무기를 사용하기 전에 순수하게 자신을 내어준다. 예수의 죽음은 분명히 이러한 내어줌의 형태를 띤다. 그것은 결코 자포자기나 절망과 다르다. 예수는 가장 적극적으로 자신을 내어줌으로써 나눔을 통한 새로운 질서의 본보기가 되었다.

신약성경에서 부활을 말할 경우, 그것이 하나님으로부터 일어나는 일임을 강조하는 것은 이것을 배경으로 한다. 내어줌은 예수 자신의 결단에 따른 것이다. 그러나 이러한 결단은 어떠한 보상도 기대하지 않는다. 그런데 하나님이 예수를 부활시킨다. 예수는 부활을 계산하고 죽음에 뛰어들지 않는다. 그런 속셈으로 자신을 던지는 것은 위험하고 오만한 행위이다. 하나님의 행동을 계산하는 것은 땅 위에 있는 인간의 범위를 넘어선 것이기 때문이다. 이것이 대속물로서 예수의 죽음이 아가페 사랑과 연결되는 지점이기도 하다.

보상과 관련해 가끔 오해하는 비유가 달란트 비유이다. 집 주인이 타국에 가면서 세 명의 종에게 각각 다섯 달란트, 두 달란트, 한 달란트를 주며 그것을 남기라고 명령하는 이야기다. 돌아온 주인 앞에 두 명의 종들은 각각 두 배로 늘어난 달란트를 보여주지만 나머지 종은 한 달란트를 그대로 주인에게 내민다. 한 달란트를 내민 종은 주인에게 꾸중을 듣고 한 달란트마저 빼앗기고 집에서 쫓겨난다. 이 비유는 많은 이들에게 희망과 기대를 준다. 헌신하는 만큼 보상 받을 수 있다는 기대이다.

그러나 다섯 달란트를 받은 자가 열 달란트의 보상을 받은 것에 비유의 초점이 있지는 않다. 성경은 그런 식의 보상을 강조하지 않는다. 그런 식의 보상을 강조하고 기대하게 하는 것은 근대 자본주의의 해석이다. 충성한 종들에 대한 예수의 보상은 주인의 기쁨에 참여하는 것이다. 초점은 주인의 기쁨에 참여할 수 있느냐 없느냐 하는 것이다. 보상이라면 이 기쁨밖에는 없다. 예수의 죽음에 따른 보상은 예수가 얻을 수 있는 기쁨뿐이다. 종이 주인과 같은 기쁨을 얻을 수 있고 아들이 아비와 같은 기쁨을 얻을 수 있다면, 이보다 더 귀한 것이 무엇이겠는가!

우리는 눈에 보이고 손에 잡히는 것을 원한다. 그러나 예수가 제시하는 것은 그렇지 않다. 그런 것을 원하는 자는 예수를 따를 수 없다. 그로 인한 기쁨으로 만족하는 것이 기존의 질서에서 쉽지 않은 일이지만, 예수를 따르면서 생기는 이점은 이것뿐이다. 이 기쁨을 귀하게 여길 수 없는 사람에게 다른 이점은 없다. 그런 사람들에게 예수는 그냥 무력하고 무의미하게 죽었을 뿐이다. 그러나 이 기쁨을 소중히 여길 수 있다면 비로소 그때 예수의 죽음은 의미를 발한다. 그제야 바라지 않고 준다는 것이 무엇을 뜻하는지, 생명을 위해서 썩는 것이 무엇인지, 죽음이 어떻게 사는 법인지 알 수 있다.

예수 그리스도의 자유

예수 그리스도와 연관해서 가장 많이 떠오르는 단어는 무엇일까? 아마도 사랑, 평화, 자유, 해방 같은 보기 좋은 단어들일 것이다. 이 단어들의 공통점은 사람들의 마음속에 평안함과 행복함을 불러일으킨다는 점이다. 그러나 평안과 행복은 어떻게 오는가? 그것은 거저 오는 것들이 아니다. 평안과 행복은 고통스러운 노력의 과정들을 동반한다.

예수가 불러일으키는 사랑과 자유도 마찬가지이다. 예수와 관련해서 우리의 마음속에 일어나는 아름다운 것들을 선사하기 위해서 예수는 스스로 고난을 감내한다. 예수가 보여주고자 하는 것은 결과가 아니라 이 과정에 있다. 고난의 과정이 어떻게 행복한 열매와 연결되는지를 보여줌으로써 예수를 따른다는 것이 무엇을 뜻하는지 드러내려 한다.

그러나 그리스도라는 휘황찬란한 휘호 뒤에 있는 고난은 언제나 예수 그리스도의 의미를 묻게 한다. 왜 그리스도가 고난당하는가? 왜 그리스도가 그처럼 무참하게 죽는가? 성경은 그의 죽음이 그의 그리스도 됨을 나타내는 유일한 방법이었음을 강조한다. 왜 그것이 유일한 방법인가? 죽음이 그리스도 예수의 유일성을 드러내는 이유는 의외로 간단하다. 그것은 누구도 기대하지 않았을 뿐 아니라 기존의 어떤 틀에도 들어맞지 않기 때문이다.

예수의 유일성은 예수가 살던 1세기 팔레스타인의 중층의 구조를 바탕으로 확연히 드러난다. 그러한 시대의 특징과 배경 속에서 예수는 누구도 하지 않은 일을 했기 때문에 유일성을 보장받는다. 그러므로 예수의 이 유일성을 이해하지 못하면 예수 그리스도에 대한 고백은 무의미하다.

나는 이 책에서 예수의 유일한 의미를 드러내기 위해서 예수를 좀 더 불편한 존재로 만들고 싶었다. 언제나 믿음으로 포장되어 당연히 받아들이는 예수가 아닌 거슬리는 예수를 부각하려는 의미로 출발했다. 우리에게 예수가 너무 편한 존재인 것이 마땅치 않았기 때문이다. 예수는 우리와 전혀 다른 질서에서 살았다. 그 다른 질서는 유일성이란 꼬리표가 붙을 정도로 독특한 것이다. 그런 독특함이 우리를 불편하게 만들지 않는다면, 그것이 이상한 일이다. 그러므로 예수를 좀 불편해하면서 그를 생각하면 예수의 진면목을 볼 수 있지 않을까 싶었다.

물론 이 책이 예수의 모든 면을 드러내지는 못한다. 단지 우리를 불편하게 하는 예수의 독특성을 상상력이라는 도구로 추적해 보고자 한 것이다. 눈에 보이지 않고 손에 잡히지 않는 예수에게 가는 길이 상상력 밖에는 없다고 생각했기 때문이다. 그리고 상상력으로 예수에게 접근하면서 예수를 이해한 사람들의 상상력을 함께 경험해보고 싶다는 소망이 끊이지 않았다. 그들의 상상력을 얼마나 훔쳐냈는지는 모르겠다. 그러나 예수와 예수를 따르던 자들, 예수의 이야기를 기록한 자들의 흔적을 이리저리 살피며 돌아다니는 것은 늘 행복한 일이다.

그 행복 속에서 꺼낸 것이 권력이라는 화두였다. 예수의 고난과 죽음을 이처럼 잘 드러낼 수 있는 단어가 있을까? 새로운 질서를 추구한 예수는 기존의 질서를 부숴야 했다. 기존의 질서를 부수는 행동으로 예수가 택한 것은 기존의 질서를 확실히 거스르는 것이다. 그것은 바로 권력을 포기하는 것이다. 모든 사람이 잡고자 하는 그 권력을 예수는 스스로 포기함으로써 새로운 질서를 만들어낸다. 예수의 '하나님 나라'가 새로운 질서를 요구하는 자들에게 일종의 대안일 수 있는 것은 바로 이 때문이다. 예수는 확실히 다른 방법으로 다른 질서를 말했다.

언젠가 김아타의 「마오의 초상」이라는 작품을 본 적이 있다. 그것은 중국 공산당 지도자 마오쩌둥을 얼음조각으로 만든 뒤, 얼음이 녹는 과정을 세 장의 스틸 사진에 담아 전시한 것이다. 당당해 보이던 마오쩌둥의 모습은 세 장의 사진 속에서 점점 왜소하고 별 볼일 없는 모습으로 변한다. 권력의 무상을 이처럼 잘 드러낼 수 있을까 싶은 생각이 들었다. 권력과 얼음은 아무리 생각해도 절묘한 조합이다.

그러나 일상에서 권력과 얼음을 연결할 수 있는 사람은 많지 않다. 권력은 '중독자들을 먹이로 삼아 점점 자라나는 힘'이라는 말이 있듯이, 권력은 마약과 같아서 권력에 중독된 사람들은 권력의 노예가 되기 쉽다. 권력에 매료되어 나아가는 모든 이들의 눈에 권력은 변하지 않는 힘과 능력을 보장해주는 도구이다. 역사는 권력을 잡아서 그 이름을 드러낸 자들과 그 권력 때문에 실패한 자들이 동일인물이라는 것을 끊임없이 보여준다. 그러나 역사 속에서 교훈을 얻기에는 권력에 대한 우리들의 동경이 너무 크고 강하다. 그래서 수많은 실패의 수레바퀴에서 우리 역시 벗어날 수 없다.

「마오의 초상」은 권력의 이러한 무상을 드러내기에 충분하다. 그러나 권력에 대한 예수의 이해는 그것과도 다르다. 예수가 권력을 부정하는 것은, 그것이 언젠가 사라질 것이기 때문이 아니다. 그것이 사라지지 않는다고 해도 예수는 권력을 포기할 것이다. 왜냐하면 권력은 권력을 갖지 못한 사람들에게 불의를 행하기 때문이다. 예수는 왜 권력을 포기하는가? 비록 의도하지 않았다고 해도 그 권력이 누군가를 불편하게 만들기 때문이다. 권력 밖에 있는 사람들이 당하는 불평등과 불합리는 예수의 권력에 대한 핵심을 이룬다.

성경에서 강조하는 유일신인 하나님에 대한 이해는 권력에 대한 이러한 이해와 무관하지 않다. '하나님만이 절대다'라는 것은 인간에게 있는 절대성을 고스란히 거두어들인다. 어느 인간도 절대 권력을 가질 수 없으며 그 권력으로 다른 이들을 소외시킬 수 없다. 하나님의 자리에서 인간으로 내려앉은 예수의 모습은 바로 이를 뜻한다.

예수는 비록 하나님과 같은 자리에 있었다 하더라도 그 힘을 쓰려고 하지 않았다. 그런데 고작 권력의 일부를 지닌 인간들이 보이는 행태는 놀라움을 금치 못하게 한다. 인간이 된 예수와 달리, 오히려 그들은 자신들의 권력을 연장해 신이 되려고 하며, 그 신의 이름으로 무소불위의 권력을 휘두른다.

권력을 포기하는 접점에 예수의 죽음이 있다. 그것도 십자가의 죽음이다. 가장 낮은 죽음이며 어쩌면 가장 의미 없는 죽음이다. 그러나 이 낮고 의미 없는 죽음에 생명을 불어넣은 것은 바로 예수의 자발성이다. 예수는 스스로 버렸고, 스스로 낮아졌고, 스스로 죽었다. 권력의 포기를 어떤 방식으로 이루는지 보여주는 부분이다. 모든 사람이 갖고 싶어 하는 권력을 이렇듯 스스로 포기함으로써 비로소 새로운 질서가 열렸다. 세상의 통치에 대항해서 어떻게 하나님의 질서가 일어나는지를 보여준 것이다.

죽음으로 살아나는 예수의 상상과 역사가 지금도 지속되기 위해 오늘날 다시 예수의 의미를 물어야 하는 것은 당연하다.

예수가 일으킨 새로운 질서는 오늘날 어떤 모양을 가져야 할 것인가? 오늘날 예수를 따른다는 것은 어떤 의미일까? 여전히 기적을 일으키고 병자를 고치고 예수의 말씀이 반복적으로 암송되는 것으로, 예수의 역사가 이어질 수 있을까?

이러한 질문들은 예수를 부인하려는 것이 아니다. 다만 예수에 대한 우리의 환호가 그의 기능에만 주목하는 것이라면, 그것이 과연 옳은 것인지 반성하고자 하는 것이다. 죽음을 향해가는 예수는 예루살렘에 들어가면서, 백성들의 열렬한 환호를 받는다. 그를 환영하며 그를 메시아라고 떠들던 사람들이 늘어서 있는 곳을 지나, 그는 자신이 죽는 곳으로 들어갔다.

그가 죽을 때, 환호하던 자들은 그곳에 없었다. 3년간이나 따르던 제자들도 모르겠다고 사라진 마당이니, 탓할 것도 없을지 모른다. 그러나 탓할 수 없을지 모르지만, 물을 수는 있을 것이다. 왜 환호했을까? 왜 떠났을까? 왜 더 이상 그에게 매달리지 않아도 되었을까? 예수의 의미가 단지 그의 도구성에만 머물러 있다면, 누구도 예수의 상상에 동참하지 못할 것이며, 그러므로 그의 죽음을 이해하지 못할 것이고, 당연히 그와 같이 행하지 못할 것이다.

지금은, NATO(No Action Talk Only, 말만 하고 행동이 없음)와 같은 세상이 되었다. 그러나 아무도 행하지 않기 때문에, 더욱 행함이 요구되는 세상이다. 그것도 새로운 행함이 요구되는 세상이 된 것이다. 예수가 그리스도라는 것을 단순히 그의 도구성만으로 설명할 수 없는 이유이다. 예수와 같은 행함이 필요한 시기에, 다시금 그가 왜 그리스도인지 물어야 한다. 그러므로 베드로처럼, 예수의 죽음을 비껴나가서 예수를 그리스도로 고백하는 것은 의미가 없다.

예수를 그리스도로 고백하지만 예수의 죽음을 건너뛰려는 사람들은 꾸중 듣고 실패한 베드로와 같다. 예수의 죽음을 이해하지 못하는 것은 권력에 대한 예수의 새로운 이해에 접근하지 못하기 때문이다. 권력에 대한 예수의 새로운 이해를 받아들이지 못하는 자는 영화의 그 구절 '아무리 짐승보다 못한 인간이라도 살 권리가 있는 것 아닌가요?'라는 절규를 이해하지 못한다. 어떤 인간도 짐승보다 못한 인간에게라도 권력을 행사할 수 없다는 것을 알지 못한다.

박찬욱 감독의 복수 시리즈(「복수는 나의 것」「올드 보이」「친절한 금자씨」)는 권력화 된 그 권리를 포기해야 구원을 얻을 수 있음을 말한다. 감독은 어떻게 그 진리를 알았을까? 그의 상상력은 어디서 그 화두를 이끌어냈을까? 첫 번째 영화의 제목인 「복수는 나의 것」은 구약성경에서 따온 것이라고 한다. 복수의 권한이 하나님에게 있지 인간에게 없다는 이 말은, 하나님을 복수의 화신으로 그리는 데 목적을 두지 않았다.

그것은 인간이 인간에게 행할 수 없는 어떤 것을 이야기한다. 그것은 인간이 인간을 지배할 수 없음을 이야기한다. 태생으로 불평등한 구조 속에서 허덕이는 사람들에게 거기서 끝나지 않을 무엇인가를 말한다. 희망이 없는 자들에게 새로운 대안세계를 말한다. 모든 인간이 인간이라는 권리를 유지할 방법을 말한다. 짐승보다 못한 인간에게도 당연히 살 권리가 있다고 말한다.

그러므로 그리스도 예수의 죽음은 일종의 표본이다. 그것은 그리스도를 따르는 사람들에게 고난과 죽음을 요구한다. 이 고난과 죽음 때문에 많은 사람들이 예수에게 걸려 넘어지고 예수를 불편한 존재로 받아들였으면 한다. 그래서 '너는 나를 누구라 하느냐?'는 질문을 다시 한 번 곰곰히 생각해 보면 좋겠다.

그리고 이 질문으로 다양한 답이 나와 다양한 상상력으로 성경 여기저기를 휘젓고 다니는 사람들이 더 많아지면 좋겠다. 그렇다면, 예수의 숨겨진 여러 모습이 드러나 우리의 삶이 더욱 풍부해질 것이다. 아울러, 이 책을 예수에 대한 물음의 답으로 여기는 사람보다, 예수에 대한 상상력을 자극하는 책으로 읽어주는 사람이 더 많았으면 좋겠다.

프랑스엔 〈크세주〉, 일본엔 〈이와나미 문고〉, 한국에는 〈살림지식총서〉가 있습니다.

예수가 상상한 그리스도

펴낸날	초판 1쇄 2007년 2월 20일
	초판 7쇄 2019년 10월 30일
지은이	**김호경**
펴낸이	**심만수**
펴낸곳	**(주)살림출판사**
출판등록	1989년 11월 1일 제9-210호
주소	경기도 파주시 광인사길 30
전화	031-955-1350 팩스 031-624-1356
홈페이지	http://www.sallimbooks.com
이메일	book@sallimbooks.com
ISBN	978-89-522-0613-8 04080
	978-89-522-0096-9 04080 (세트)

384 삼위일체론

eBook

유해무(고려신학대학교 교수)

기독교에서 믿는 하나님은 어떤 존재일까? 성부 하나님과 성자 예수, 그리고 성령이 계시며, 이분들이 한 하나님임을 이야기하는 삼위일체론은 기독교 교회가 믿고 고백하는 핵심 교리다. 신구약 성경에 이 교리가 어떻게 나타나 있으며, 초기 기독교 교회의 예배와 의식에서 어떻게 구현되었고, 2천 년 동안의 교회 역사를 통해 어떤 도전과 변화를 겪으며 정식화되었는지를 일목요연하게 정리했다.

315 달마와 그 제자들

eBook

우봉규(소설가)

동아시아 불교의 특징은 선(禪)이다. 그리고 선 전통의 터를 닦은 이가 달마와 그에서 이어지는 여섯 조사들이다. 이 책은 달마, 혜가, 승찬, 도신, 홍인, 혜능으로 이어지는 선승들의 이야기를 통해 선불교의 기본사상을 이해하도록 돕는다.

041 한국교회의 역사

eBook

서정민(연세대 신학과 교수)

국내 전체인구의 25%를 점하고 있는 기독교. 하지만 우리는 한국 기독교의 역사에 대해서 너무나 무지하다. 이 책은 한국에 기독교가 처음 소개되던 당시의 수용과 갈등의 역사, 일제의 점령과 3 · 1운동 그리고 6 · 25 전쟁 등 굵직굵직한 한국사에서의 기독교의 역할과 저항, 한국 기독교가 분열되고 성장해 왔던 과정 등을 소개한다.

067 현대 신학 이야기

eBook

박만(부산장신대 신학과 교수)

이 책은 현대 신학의 대표적인 학자들과 최근의 신학계의 흐름을 해설한다. 20세기 전반기의 대표적인 신학자인 칼 바르트와 폴 틸리히, 디트리히 본회퍼, 그리고 현대 신학의 중요한 흐름인 해방신학과 과정신학 및 생태계 신학 등이 지닌 의미와 한계가 무엇인지를 친절하게 소개하고 있다.

099 아브라함의 종교 유대교기독교이슬람교 eBook

공일주(요르단대 현대언어과 교수)

이 책은 유대교, 이슬람교, 기독교가 아브라함이라는 동일한 뿌리에서 갈라져 나왔다는 점에 주목한다. 저자는 이를 추적함으로써 각각의 종교를 그리고 그 종교에서 나온 정치적, 역사적 흐름을 설명한다. 이스라엘과 팔레스타인으로 대변되는 다툼의 중심에는 신이 아브라함에게 그 땅을 주겠다는 약속이 있음을 명쾌하게 밝히고 있다.

221 종교개혁 이야기 eBook

이성덕(배재대 복지신학과 교수)

종교개혁은 단지 교회사적인 사건이 아닌, 유럽의 종교 · 사회 · 정치적 지형도를 바꾸어 놓은 사건이다. 이 책은 16세기 극렬한 투쟁 속에서 생겨난 개신교와 로마 카톨릭 간의 분열을 그 당시 치열한 삶을 살았던 개혁가들의 투쟁을 통해 보여 주고 있다. 마르틴 루터, 츠빙글리, 칼빈으로 이어지는 종파적 대립과 종교전쟁의 역사들이 한 편의 소설처럼 펼쳐진다.

263 기독교의 교파

남병두(침례신학대학교 교수)

하나의 교회가 역사적으로 어떻게 다양한 교파로 발전해왔는지를 한눈에 보여주는 책. 교회의 시작과 이단의 출현, 신앙 논쟁과 이를 둘러싼 갈등 등이 파노라마처럼 펼쳐진다. 사도행전에 나타난 교회의 시작과 이단의 출현에서부터 초기 교회의 분열, 로마가톨릭과 동방정교회의 분열, 16세기 종교개혁을 지나 18세기의 감리교와 성결운동까지 두루 살펴본다.

386 금강경

곽철환(동국대 인도철학과 졸업)

『금강경』은 대한불교조계종이 근본 경전으로 삼는 소의경전(所依經典)이다.『금강경』의 핵심은 지혜의 완성이다. 즉 마음에 각인된 고착 관념이 허물어져 어디에도 집착하지 않는 상태를 말한다. 이 책은 구마라집의『금강반야바라밀경』을 저본으로 삼아 해설했으며, 기존 번역의 문제점까지 일일이 지적해 독자들의 이해를 돕고자 했다.

013 인도신화의 계보　eBook

류경희(서울대 강사)

살아 있는 신화의 보고인 인도 신들의 계보와 특성, 신화 속에 담긴 사상과 가치관, 인도인의 세계관을 쉽게 설명한 책. 우주와 인간의 관계에 대한 일원론적 이해, 우주와 인간 삶의 순환적 시간관, 사회와 우주의 유기적 질서체계를 유지하려는 경향과 생태주의적 삶의 태도 등이 소개된다.

309 인도 불교사 붓다에서 암베드카르까지　eBook

김미숙(동국대 강사)

가우타마 붓다와 그로부터 시작된 인도 불교의 역사를 흥미롭고도 일목요연하게 정리한 책. 붓다가 출가해서, 그를 따르는 무리들이 생겨나고, 붓다가 생애를 마친 후 그 말씀을 보존하기 위해 경전을 만드는 등의 이야기들이 한눈에 들어온다. 또한 최근 인도에서 다시 불고 있는 불교의 바람에 대해 소개한다.

281 예수가 상상한 그리스도

김호경(서울장신대학교 교수)

예수가 그리스도라는 것은 어떤 의미인가? 이 책은 신앙적 고백과 백과사전적 지식 사이에서 현재 예수 그리스도가 가진 의미를 묻고 있다. 저자는 이러한 문제의식을 바탕으로 예수가 보여준 질서와 가치가 우리와 얼마나 다른지, 그를 따르는 것이 왜 우리에게 익숙하지 않은 일인지를 보여주고 있다.

346 왜 그 음식은 먹지 않을까　eBook

정한진(창원전문대 식품조리과 교수)

세계에는 수많은 금기음식들이 있다. 유대인과 이슬람교도들은 돼지고기를 먹지 않고, 힌두교도의 대부분은 소고기를 먹지 않는다. 개고기 식용에 관해서도 말들이 많다. 그들은 왜 그 음식들을 먹지 않는 것일까? 음식 금기 현상에 접근하는 다양한 방식을 통해 그 유래와 문화적 배경을 살펴보자.

eBook 표시가 되어있는 도서는 전자책으로 구매가 가능합니다.

㈜살림출판사
www.sallimbooks.com
주소 경기도 파주시 문발동 522-1 | 전화 031-955-1350 | 팩스 031-955-1355